[江西理工大学清江学术文库]

多重身份的冈仓天心研究

世界的旅行者
中国文明的观察者
亚洲的诠释者

肖珊珊 —— 著

知识产权出版社
全国百佳图书出版单位
—北京—

图书在版编目（CIP）数据

多重身份的冈仓天心研究 / 肖珊珊著 . —北京：知识产权出版社，2020.8
ISBN 978-7-5130-7033-1

Ⅰ.①多… Ⅱ.①肖… Ⅲ.①冈仓天心—人物研究 Ⅳ.①K833.135.72

中国版本图书馆 CIP 数据核字（2020）第 120766 号

责任编辑：李学军　　　　　　责任校对：谷　洋
封面设计：刘　伟　　　　　　责任印制：孙婷婷

多重身份的冈仓天心研究

肖珊珊　著

出版发行	知识产权出版社有限责任公司	网　址	http://www.ipph.cn
社　址	北京市海淀区气象路 50 号院	邮　编	100081
责编电话	010-82000860 转 8559	责编邮箱	752606025@qq.com
发行电话	010-82000860 转 8101/8102	发行传真	010-82000893/82005070/82000270
印　刷	北京建宏印刷有限公司	经　销	各大网上书店、新华书店及相关专业书店
开　本	720mm×1000mm　1/16	印　张	11
版　次	2020 年 8 月第 1 版	印　次	2020 年 8 月第 1 次印刷
字　数	175 千字	定　价	68.00 元

ISBN 978-7-5130-7033-1

出版权专有　侵权必究
如有印装质量问题，本社负责调换。

序　如何研究日本？

如何研究日本？之所以提出这样一个问题，在于我们如今不得不面对日本，不得不思索日本。不得不面对日本，是由于日本如今成为中国进一步发展所不得不面对的一个对象，尤其是在日本不断强调以"日美同盟"为基轴来构筑新的国际秩序的当下。作为美国全球化政治的重要一环，日本成为美国在东亚的代言者，中国要突破"东亚"这一地域化的政治空间，走向世界，必须面对作为美国代言人且自诩为东亚引路人的"日本"。不得不思索日本，是由于日本曾经一度成为中国学习、模仿、追寻的目标，成为中国走向现代化的楷模，尤其是明治维新与战后日本的两度崛起，为中国人提供了一个巨大的、无限的想象空间，中国可以按照日本现代化的模式走向成功，走向辉煌。但是，随着泡沫经济的崩溃、随着日本产业结构的转型，面对第四次工业革命的浪潮，我们看到了一个"垮掉的十年""垮掉的二十年"的日本，日本成为我们在走向成功之际的一个"负面教训"，中国需要警戒自身的未来，需要探究自我的道路，日本成为一面具有双重价值的"镜子"。

如果说"面对"潜藏着一种自我与他者的对立或者对抗的话，那么"思索"则象征着日本作为正面的价值与反面的价值的双重性，驱使我们抱持一种探究、讨论与审视的眼光去看待日本。不过，这样的思索必须存在一个最根本的原点，也就是我们将站在什么样的立场去看待日本。一方面，我们或许需要回归自我地去认识作为"他者"的日本；另一方面，我们或许需要超越自我，站在将中国与日本包容在一起，也就是"区域化"的立场，由此来把握作为一种"未来"而存在的日本。在这样的不断"叩问"下，我们也会回归到一种历史的视角去审视、挖掘、判断过去的日本、过去的东亚。在此背景下，肖珊珊女史的研究对象——冈仓天心也就进入到了我们的视野之中。

冈仓天心一直是我关注的研究对象之一。之所以关注这一人物，首先，可以说在于冈仓天心的个人魅力。作为艺术家，冈仓天心担任过东京美术学校校长，创办了日本美术院，还担任了波士顿美术馆中国·日本部部长一职，不仅积极投身于日本古社寺的保存活动、《国华》美术杂志的创刊活动等，为日本传统美术的复兴做出了巨大的贡献，还积极投入明治时期的美术教育事业，培养了以横山大观、菱田春草为代表的一大批美术家。这样的人生轨迹，可谓在整个日本近代历史上皆是少有的存在，也反映出在这一历史语境下日本的一流学者的人生选择。

其次，在于冈仓天心的独特创作。基于肖珊珊女史的考察，冈仓天心先后撰写了《东洋的理想》（The Ideals of the East, 1903 年）、《日本的觉醒》（The Awaking of the Japan, 1904 年）、《茶之书》（The Book of Tea, 1906 年）和《东洋的觉醒》（The Awaking of the East, 1901—1902 年）等四部英文著作，不遗余力地向西洋介绍东洋的精神和文化。在此令我倍感惊诧的，就是这样的四部英文著作一度影响到了西方媒体的日本评价，日本由此也成为"落后、野蛮、停滞、愚昧"的"亚洲"固有形象的一个反面素材。那么，日本是否就此成为"进步、文明、自由、民主"的"西方"世界的追随者与模仿者？对此，应该说冈仓天心完全拒绝了这样的简易化、模式化的"日本形象"的建构模式，而是走向一个以日本为核心，以印度、中国、日本为代表，尝试谋求亚洲的独特价值，也就是日本的独特价值的新视野。这样的一系列思想皆呈现在了冈仓天心的著述之中，这一点不得不令人佩服不已。

再次，在于冈仓天心的中国考察。依照肖珊珊女史的考察，冈仓天心是一位带有日本特质的"旅行者"，曾数度走出国门，游历于欧洲、美国、印度与中国之间，是一位具有世界视野的日本人。冈仓天心还是一位中国文明的观察者，其一生游历中国四次，不仅体验了中国的文化风土，亦就美学艺术进行了深入的考察。不过，我在此钦佩不已的，不在于冈仓天心的世界考察发现了什么样的独到之处，找到了西方的"东方学"所不曾阐述的问题之所在，而在于这样的考察留下了一个固定的思维模式，尤其是针对中国南、北文化思想的划分方式，针对中国人缺乏国家意识，即所谓"在中国、无中国"的性格描述，这样的中国认识构成了整个近代日本人的中国认识的"母题"，也一直延续到当下，且不断演绎、不断转换。中国在这样的碎片化、刻板印象化的冲击下，成为了一个被进行文化肢解、历史切割、思想断裂、民族国家意识缺乏的存在。

又次，在于冈仓天心所提出的"亚洲一体论"（Asia is one）。冈仓天心不曾质疑"亚洲"这一范畴从何而来，这一范畴是否具有了"原初性"，也不曾更多地思索"亚洲"内部既然有着众多的个性化的存在，为什么还必须归结到日本来拯救整个亚洲的"使命"这一环节。在这样的亚洲认识之背后，我们可以发现，仿佛作为文化范畴的"亚洲一体论"实则带有了以暴力来对抗暴力的深刻意识——这一点可以参考肖珊珊女史围绕冈仓天心的印度之行所进行的最新研究，也涉及日本战争期间提出的所谓"大东亚共荣圈"，标榜要自西方殖民主义者手中来解放整个亚洲的战争宣传。换言之，"亚洲一体论"绝对不是和平、自由、浪漫、文化的存在，而是带有了深刻的政治企图与暴力色彩的存在，具有了竹内好所谓的"具有不断发射的放射能"。如何把握它，如何认识它，依旧是我们如今不得不面对、不得不思索的一大问题。

最后，在于我们应该如何去研究冈仓天心的问题。不可否认，迄今为止的冈仓天心研究，我们或是站在美术史的角度来突出冈仓天心的历史贡献，探究冈仓天心嫁接了东方与西方的文化轨迹；或是站在日本面对西方的自我言说的视角，来凸显作为思想的先觉者，冈仓天心是如何主张日本文化的独特性的问题；或是站在"东方学"的建构这一学术史的立场，来梳理冈仓天心是如何与西方的"东方学"仿佛保持了潜在的同步性的问题。但是，作为思想批判，以上研究还只是停留在这一思想如何被加以"误读"、被加以"利用"的解读，缺乏了真正的历史批判，更缺乏了材料的整理与甄别。因此，作为一大问题意识，我认为需要返璞归真、落实根本，以最新材料的整理与挖掘为关键，由此来展开以冈仓天心为对象的新的研究。

肖珊珊女史一直跟随我从事日本学的研究。我几乎遗忘了时光的流逝，也完全不记得究竟是什么样的一个契机让她接触到了冈仓天心，只是自硕士阶段开始，肖珊珊女史就开始了冈仓天心的思想研究，而后提交了硕士论文。进入博士阶段后，曾赴日本关西大学留学，师从中谷伸生教授。整个博士生阶段，肖珊珊女史发表了多篇学术论文，令我倍感自豪，无比感慨。待毕业之后，她转任江西理工大学，继续出版冈仓天心的研究论文，更是令我感奋感动，心存佩服。

学术道路无比艰辛，学术道路充满坎坷，我也不知道自己会坚持多久，更不知道自己在坚持什么。但是，当我们失去学术追求的时候，我们也会失去所有。一旦踏上了学术的道路，我们只能奋勇向前，不遗余力。冈仓天心是一位充满了"放射能"的学者，也会令我们在不断的发掘之中找到自我的定位，找到中国的定位，找到亚洲的未来，我们需要一种既正面亦负面的研究对象，我们也需要这样一面"镜子"来照亮我们的内心，照亮我们的未来，这也就是思想研究的"魅力"之所在，就此与肖珊珊女史共勉！

愚师吴光辉
谨记于厦门思北星巴克咖啡厅
2019年12月29日

目 录
Contents

第一章　冈仓天心研究的内与外 ································ 001
1.1　冈仓天心生平 ·· 004
1.2　研究缘起与问题意识 ···································· 007
1.2.1　西洋的冲击与日本的近代思潮 ······················ 007
1.2.2　冈仓天心"问题群" ······························· 009
1.2.3　冈仓天心与中国形象 ······························ 010
1.2.4　"间"结构 ······································· 013
1.3　前期研究综述 ·· 016
1.3.1　日本的前期研究综述 ······························ 016
1.3.2　中国的前期研究综述 ······························ 022

第二章　作为世界旅行者的冈仓天心 ···························· 029
2.1　冈仓天心的欧洲体验——以欧洲美术考察为中心 ············ 032
2.1.1　欧洲美术考察的动机 ······························ 033
2.1.2　欧洲见闻 ·· 034
2.1.3　归国演讲 ·· 036
2.2　冈仓天心的美国体验——以"波士顿美术馆期间"为中心 ···· 039
2.2.1　波士顿美术馆之行的动机 ·························· 039
2.2.2　启航波士顿及波士顿见闻 ·························· 040
2.2.3　世界博览会上的演讲——《美术的近代问题》 ········ 046

2.3 冈仓天心的印度体验——以第一次印度之行为中心 ………… 048
　2.3.1 印度之行的动机 ……………………………………… 049
　2.3.2 冈仓天心的印度活动 ………………………………… 052
　2.3.3 归国演讲 ……………………………………………… 054
2.4 冈仓天心的中国体验——以第一次中国之行为中心 ………… 057
　2.4.1 中国之行的动机 ……………………………………… 058
　2.4.2 中国见闻 ……………………………………………… 061
小结 ………………………………………………………………… 065

第三章　作为中国文明观察者的冈仓天心 …………………… 069

3.1 文化风土的考察 ………………………………………………… 072
　3.1.1 北方：儒家政治 ……………………………………… 073
　3.1.2 南方：老庄思想 ……………………………………… 078
3.2 美学艺术的考察 ………………………………………………… 083
　3.2.1 中国美术的考察 ……………………………………… 084
　3.2.2 镜子的考察 …………………………………………… 088
　3.2.3 茶道的考察 …………………………………………… 092
3.3 中国文明考察的批评 …………………………………………… 095
小结 ………………………………………………………………… 098

第四章　作为亚洲诠释者的冈仓天心 ………………………… 101

4.1 近代日本知识分子眼中的东洋与西洋 ………………………… 103
　4.1.1 福泽谕吉与"脱亚" …………………………………… 104
　4.1.2 德富苏峰与日本的"扩张" …………………………… 106
4.2 冈仓天心眼中的东洋与西洋 …………………………………… 109
　4.2.1 《东洋的理想》：亚洲文明圈的构想 ………………… 109
　4.2.2 《东洋的觉醒》：东洋与西洋的冲突 ………………… 112
　4.2.3 《日本的觉醒》：日本的使命 ………………………… 113

4.2.4 《茶之书》：东洋精神的回归 ························· 116
4.3 "亚洲一体论"的理念与批评 ························· 119
  4.3.1 "亚洲一体论"的认识 ························· 120
  4.3.2 "亚洲一体论"的批评 ························· 122
小结 ··· 124

第五章 "间"结构下的冈仓天心 ························· 127
5.1 多重身份的冈仓天心 ································ 129
5.2 "间"结构的批评与反思 ···························· 132

附录 冈仓天心年谱 ··· 139

参考文献 ··· 149

第一章　冈仓天心研究的内与外

第一章　冈仓天心研究的内与外

冈仓天心（1862年12月26日—1913年9月2日）①出生于明治维新前夜的1862年，是日本明治时期著名的美术教育家、美术评论家和思想家。作为著名的美术教育家，冈仓天心不仅担任过东京美术学校校长，还创办日本美术院，积极投身于明治时期的美术教育事业，培养了诸如横山大观、菱田春草等一大批优秀的美术家；作为美术评论家，冈仓天心不仅积极投身于古社寺保存活动、《国华》美术杂志创刊活动等，还担任波士顿美术馆中国·日本部部长一职，为日本传统美术的复兴作出巨大的贡献；作为思想家，冈仓天心先后撰写《东洋的理想》(The Ideals of the East，1903年)、《日本的觉醒》(The Awaking of the Japan，1904年)、《茶之书》(The Book of Tea，1906年)和《东洋的觉醒》(The Awaking of the East，1901—1902年)②等四部英文著作，努力地向西洋介绍东洋的精神和文化。

事实上，本书所探讨的并不仅仅是作为美术教育家、美术评论家和思想家的冈仓天心，而是将之把握为一个"多重身份"的存在。尤其需要指出的是，冈仓天心是一位带有日本特质的"旅行者"，曾数度走出国门，游历于欧洲、美国、印度与中国之间，是一位具有世界视野的日本人。冈仓天心还是一位中国文明的批评者，其一生游历中国四次，不仅亲身体验中国的文化

---

① 围绕冈仓天心的出生日期，鉴于新历与旧历之标准，有1863年2月14日与1862年12月26日两种观点。本书依据的是平凡社《冈仓天心全集》（9卷本）中所采用的冈仓天心出生日期。关于此问题日本学者木下长宏曾专门论述，具体可以参阅木下长宏著作《冈仓天心》。

② 该书在冈仓天心有生之年未予出版，1938年由冈仓一雄等翻译并命名为《理想的再建》，由河出书房出版发行，1940年浅野晃重译，命名为《东洋的觉醒》，由圣文阁出版发行。

003

风土，亦就美学艺术进行深入的考察。同时，冈仓天心也是一位日本文化，乃至亚洲文化的世界性的言说者，在毕生致力于保护日本传统美术的同时，还采用英文著书立说，不遗余力地向西洋介绍东洋的精神、文化与美术。

尽管冈仓天心留下不少著作遗墨，但是，正如竹内好所评价的，"天心是一位难以定论的思想家，在某种意义上说，又是一位危险的思想家。说他难以定论，因为他的思想包含着拒绝定型化的因素；说他危险，因为他的思想具有不断发射的放射能"。① 由此，我们可以发现冈仓天心的思想评价之中所潜藏的一个"悖论"。那么，竹内好为什么会提到这一问题？毫无疑问，冈仓天心的这一评价与近代日本的国家命运紧密地结合在一起。换言之，冈仓天心著述的《东洋的理想》开篇提到"亚洲是一体的"，这一理念成为战争期间日本推动"大东亚共荣圈"，标榜要自西方殖民主义者的手中解放整个亚洲的征战口号。就此而言，作为思想家的冈仓天心的思想是否存在被加以"诠释"或者"误读"的问题，亦是现今冈仓天心研究的一大难题。也正因为如此，本书亦试图以冈仓天心的中国考察为契机，还原冈仓天心"亚洲一体论"的思想原貌，并由此来探索冈仓天心思想的现代意义。

1.1 冈仓天心生平

冈仓天心于1862年12月26日出生于日本横滨。父亲冈仓觉右卫门是福井藩下级藩士，奉藩主松平春岳之命，在横滨经营横滨商馆——石川屋，销售丝绸、棉麻、杂货、纱线、纸、蜡烛、酒等。1871年，明治政府推行废藩置县政策，冈仓觉右卫门亦于1873年关闭石川屋，举家迁往东京，于日本桥蛎壳町经营旅店和越前特产。其间，1869年，冈仓天心在位于横滨外国人居留地的James Ballagh私塾学习英语；1871年，跟随神奈川县长延寺玄导住持学习汉文。1873年，冈仓天心入学东京外国语大学，并于1875年入学东京开成学校。

1877年，东京开成学校与东京医学学校合并，改名为东京大学，冈仓天

---

① 橋川文三. 岡倉天心 人と思想 [M]. 東京：平凡社，1982：179.

心亦随之进入了东京大学文学部二年级，专攻政治学和理财学。同年6月，美国学者莫斯（Edward Sylvester Morse，1838—1925年）赴日；次年8月，费诺罗莎（Ernest Francisco Fenollosa，1853—1908年）亦携新婚妻子以外国研究员的身份到东京大学任教。费诺罗莎毕业于美国哈佛大学，在东京大学主要教授斯宾塞进化论与黑格尔哲学，同时还教授政治学和理财学。不仅如此，费诺罗莎还热心于美术研究，经常同精通英语的冈仓天心一道探访日本各地，尤其是京都和奈良的古寺庙。在揭开法隆寺梦殿内救世观音的面纱之际，冈仓天心禁不住感叹道，"此乃人生最快乐之事"。[1]

1880年，冈仓天心完成并提交毕业论文《美术论》。之后，进入文部省音乐调查科任职。其间，冈仓天心因与从美国回来的新任上司伊泽修二意见不合，转入专门学务局，上司为文部少辅九鬼隆一。

1886年2月，冈仓天心担任图画调查科主干事，并于同年9月作为美术调查员与费诺罗莎一起参与欧洲美术视察。在此期间，冈仓天心主要考察了各国的美术教育、美术设施以及学校制度等。自欧洲返回途中，冈仓天心在美国华盛顿拜访上司九鬼隆一，并被九鬼隆一委托携带其身体不适的夫人初子一同回国。

1889年，东京美术学校宣布成立，冈仓天心担任美术部长一职，并创办刊物《国华》。次年，冈仓天心担任东京美术学校校长一职，直至1898年辞职。在此期间的1893年7月至12月，即甲午战争爆发前夜，冈仓天心携助手早崎稉吉前往中国内地考察美术。旅途中，冈仓天心写下了《清国旅行日志》《清国旅中杂记》《三笑录》等，归国后亦撰写论文《中国南北的区别》、演讲速记《中国的美术》、演讲笔记《中国行杂缀》等不少文字。

1896年5月，冈仓天心被任命为古社寺保存会委员，致力于日本传统美术事业的发展。1898年3月29日，冈仓天心被免去东京美术学校校长一职。同年10月15日，在波士顿美术馆理事毕盖洛的资助下，冈仓天心携一同辞职的教员桥本雅芳、横山大观等于谷中初音町举办日本美术院的开院仪式。1901年，日本美术院陷入经营困境，同年11月，冈仓天心携僧人偘至德前

---

[1] 斉藤隆三．岡倉天心［M］．東京：吉川弘文堂，1969：42．

往印度游学一年。其间创作英文著作《东洋的理想》与《东洋的觉醒》。

1904年2月，43岁的冈仓天心携带弟子横山大观、菱田春草前往美国波士顿，并于同年3月在波士顿美术馆理事毕盖洛的推荐下担任波士顿美术馆顾问一职，主要负责中国·日本部美术品鉴定、修复以及复原等工作。同年9月，冈仓天心在圣路易斯世界博览会上发表演讲《绘画的近代问题》，并于11月在纽约出版英文著作《日本的觉醒》。

1905年2月，冈仓天心回国，其间售卖杂志《国华》的发行权并整理相关债务，随后于10月返回波士顿美术馆。在此之后，依照与波士顿美术馆签订的协议，每年需在波士顿美术馆工作6个月。1906年5月，冈仓天心的英文著作《茶之书》在纽约出版。回国后，由于肾炎发作入院手术治疗，此后身体健康每况愈下。同年10月，受波士顿美术馆委托，冈仓天心再度赴中国进行美术考察，并于次年2月回国。1908年6月至7月，冈仓天心再度经由伦敦、巴黎等地进入中国北京，访问了北京琉璃厂，并在雁丰购买约200件中国艺术品。其间，冈仓天心在巴黎的卢浮宫博物馆与费诺罗莎再会。同年9月，费诺罗莎客死伦敦。11月，冈仓天心出席由东京美术学校主办的费诺罗莎追悼会。

1909年，波士顿美术馆自波士顿市中心的科普利广场搬迁到城市西郊的亨廷顿大街。冈仓天心负责新馆中国·日本部的规划设计。在此期间，冈仓天心以"国家的美术是其文明与理想的映射"这一设计理念为基础，尝试以作品原本的背景和氛围进行空间的创造和设计。

1910年4月，冈仓天心在东京帝国大学教授东洋美术史，并于同年10月被任命为波士顿美术馆中国·日本部部长。1911年4月，冈仓天心被哈佛大学授予艺术硕士学位，同年弟子菱田春草逝世。1912年5月至6月，冈仓天心前往中国北京，为波士顿美术馆收集藏品。同年8月，前往印度加尔各答会见印度女诗人。11月，返回波士顿美术馆马萨诸塞州的疗养院静养。1913年，在赤仓疗养期间，冈仓天心由于肾病、心脏病发作，于9月2日逝世，时年51岁。依照冈仓天心的遗愿，其骨灰被分开安置在染井、五浦、赤仓三处。

纵观冈仓天心的一生，我们可以发现，冈仓天心不仅是一个世界的旅行者，同时还是一位美术学校和博物馆事业的热心人士，且始终致力于传统美术的保护与发展。不仅如此，冈仓天心亦是一位东方文化的宣扬者，以及推动东方觉醒的"文化先觉者"，尤其是其出版的一系列英文著作，在西方世界引起巨大反响。具体而言，在冈仓天心的人生之中，存在不少"超越"之处。

一是丰富的海外旅行经历。冈仓天心不仅数度游历了亚洲内部——中国、印度，还屡次往来于亚洲外部的欧洲、美国，可谓是世界旅行者。也正是基于对东洋、西洋的实地体验，冈仓天心成为睁眼看世界的日本人。

二是重视美术事业。1880年，冈仓天心自东京大学毕业之后，便经常和费诺罗莎一道参与古社寺的美术调查，并于1889年担任帝国博物馆理事、1890年担任东京美术学校校长。其后又致力于日本美术学院的建设，并在人生的最后十年任职于波士顿美术馆，往返于日、美、中之间，致力于传统美术的维护和发展。

三是推动亚洲的觉醒。或许正是基于世界体验，冈仓天心才产生了向东洋之精神——美术的回归，并觉醒到"欧洲的荣光是亚洲的屈辱"，从而提炼出"亚洲一体论"的理念。同时冈仓天心也自觉意识到作为日本人、亚洲人乃至世界人的使命。

概言之，冈仓天心的生涯可谓涵盖了三个大事件，即世界之旅、美术事业和亚洲（日本）觉醒。世界之旅让冈仓天心实地体验和感受东方与西方；美术事业让冈仓天心找到一生矢志不渝的奋斗目标；亚洲（日本）觉醒则让其不仅逐渐自觉到作为亚洲人、日本人的使命，也让其在进行思想宣扬之际找到自我的价值。

1.2 研究缘起与问题意识

1.2.1 西洋的冲击与日本的近代思潮

冈仓天心的一生跨越幕府末期、明治维新、甲午战争、日俄战争，直到大正初期，可谓是日本经历波澜万丈的历史巨变，承受着西方式近代化的痛苦与辉煌，体验着幻梦与现实不断交错的一个历史时代。作为近代日本的重大历史事件，亦可提及1853年美国太平洋舰队司令佩里的"黑船"来访事件。这一年，佩里利用坚船利炮打开日本国门，打破日本200年的锁国之梦。次年，美国强迫日本签订《日美亲善条约》，从而将日本拉入到一个以西方为核心、以西方为学习对象的近代化潮流之中。

面对来自西洋的冲击，尤其是文化与知识的冲击，日本知识分子经历着从传统到现代的精神裂变的同时，亦表现出脱离东方学问——儒教思想，至转向西洋知识的无限向往。以1860年"咸临丸"欧美之行为代表，翻译官福泽谕吉（1834—1901年）跟随幕府使节团第一次前往美国，针对美国与欧洲的政治体制、社会文明进行细致考察。在1870年出版的代表作《文明论之概略》中，福泽谕吉指出，当今世界上的国家按其文明程度可以分为三类：欧美为最文明的国家；土耳其、中国、日本为半开化的国家；非洲、澳洲属于野蛮国家。同时，福泽谕吉还指出"文明是由外形事物和内在精神两方面构成"，不但要学习外在的新式学校、工商业、交通、陆海军等，还要学习其内在的文明精神：全体国民的独立精神、知识分子对国家事务的参与。①

与积极向西方学习，并将西方知识传入日本的大势不同，同时代的内村鉴三（1861—1930年）经历一系列"美国想象"的幻灭之后，由一名虔诚的基督教徒转而主张和魂洋才，强调在精神上回归日本。内村鉴三是基督教徒，在美国度过了四年的青春生涯，并著有英文名著《我如何成为基督教徒》。内村鉴三踏入美国对美国的第一印象是作为"圣地"的基督教国家。然而在美国的现实生活与想象相去甚远。在抵达圣弗朗西斯科后，同行中一人的钱包被盗，内村鉴三感叹道"基督教国家也有小偷，和异教国家无异"；之后，在马萨诸塞州乘船时，绢伞被盗，内村鉴三又感叹道"船上犹如小偷的老巢"。② 在经历一系列"美国想象"的幻灭后，内村鉴三转而回归日本。内村鉴三不仅列举了古道中国"行人互让""路不拾遗"的优良传统③，还对美国现实进行批判，"如果说在基督教世界中什么是我们难以发现的，那就

---

① 杨心浩. 福泽谕吉西洋观刍议 [J]. 贵州民族学院学报，1992（3）：38.
② 芳賀徹. 西洋の衝突と日本 [M]. 東京：東京大学出版社，1973：165.
③ 芳賀徹. 西洋の衝突と日本 [M]. 東京：東京大学出版社，1973：166.

是平安。那儿拥有的是混乱、错综。那儿拥有的是精神病院、警察局、救济院",“思念日出之国的平和、莲池的静谧"。①

审视与梳理自福泽谕吉至内村鉴三的日本思想者的思想轨迹，我们亦可以发现一条潜在线索，即日本自一开始的学习西方，再到之后的关注东方的思想。日本可谓是走过一条自东方到西方、自西方到东方的不断转向的道路。换言之，出生于明治维新之前，活跃于明治维新之后的二三十年，经历了日本的对外战争，冈仓天心正是处在这样的道路之中，同时亦在这样的道路下走出自己的人生轨迹，树立起自身的独特思想。

1.2.2 冈仓天心"问题群"

那么，作为与这一时代同步的冈仓天心，处在西洋与东洋激烈碰撞、日本出现巨大转向的时代背景之下，究竟会面对什么样的问题或者困境？会采取什么样的处理方式或者文明选择？就此而言，本书尝试提出一系列问题，以规划整理本书的问题意识，提炼出本书的核心内涵。

第一，面对西洋与东洋的二重选择之际，如果说冈仓天心是一个西化主义者的话，那么就会立刻联想到西化主义者的代表——福泽谕吉；如果说冈仓天心是一个日本主义者的话，那么作为日本主义者的代表，则会令人联想起以新闻记者这一身份引领时代思潮的德富苏峰。那么，处在东洋与西洋激烈碰撞的时代背景之下，冈仓天心究竟是如何选择的呢？

第二，在探讨冈仓天心之际，如果说冈仓天心是一个美术家，而后是一个思想家，在此，我们可以认识到冈仓天心"身份"的自我定位与时代演绎。但是，如果说冈仓天心是一个美术家，我们可为之辩护：冈仓天心的"亚洲一体论"只不过是被政府所利用，被时代所利用而已，冈仓天心自身并不主张如此。那么，处在美术与政治之间，冈仓天心究竟是如何选择的？

第三，在探讨冈仓天心作为亚洲的言说者之际，冈仓天心确实强调"亚洲一体论"，但同时冈仓天心又突出日本作为亚洲文明的"博物馆"的身份，继而演绎出日本作为亚洲文明代表的必然性。那么，处在亚洲与日本之间，

---

① 芳賀徹. 西洋の衝突と日本 [M]. 東京：東京大学出版社, 1973：190, 191.

冈仓天心究竟是如何选择的？

不可否认，冈仓天心在历史上一直是一个备受争议、难以定论的人物。作为日本明治时期著名的美术教育家、美术评论家和思想家，冈仓天心因其极高的东西方文化素养、丰富的人生阅历、开阔的学术视野而备受瞩目，成为言说明治时期的重要人物。冈仓天心历经明治时期日本知识界、美术界的风云动荡，无论担任东京美术学校校长，创办日本美术学院，还是担任波士顿博物馆中国·日本美术部部长，冈仓天心皆处在时代旋涡之中。

冈仓天心亦可谓是睁眼看世界的日本人，不仅游历欧洲、美国、印度与中国，还使用英文著述多部著作，面向西方世界言说东方世界的精神、文化与美术。冈仓天心的旁征博引，其诗人般的激情与诗意般的笔调，曾经征服西方世界的无数读者。

冈仓天心也是一个备受争议的人物，其提出的"亚洲一体论"，之后成为日本宣扬"解放亚洲"、发动帝国主义战争的口号，从而令冈仓天心的形象与思想一度成为批判的焦点。

基于以上的问题意识，本书试图站在一个"中国人的立场"，以冈仓天心的中国考察为契机，尝试将冈仓天心的欧洲之行、美国之行以及印度之行纳入考察的视野，由此来考察与审视冈仓天心的中国认识，探索冈仓天心认识中国的比较性视野，以及探究隐藏在中国认识、中国形象背后的东洋与西洋之间、美术与政治之间，以及日本与亚洲之间的潜在逻辑，从而站在一个"间"的结构之下来树立冈仓天心的"多元'间'结构"形象。

1.2.3　冈仓天心与中国形象

就是这样一个充满矛盾，带有危险，处在争论之中的冈仓天心，成为本书研究的核心。不可否认，作为中国研究者，本书的核心始终在于"中国人的立场"。也就是说，本书尝试阐述的重点，一个是冈仓天心的中国认识与中国形象，一个是如何审视与批评冈仓天心的中国认识。

首先，提到冈仓天心的中国之行，本书尤为注重第一次中国之行。在这之后的三次中国之行，其主要目的皆是为波士顿美术馆收购美术藏品。冈仓天心在第一次中国之行之际，留下了大量的照片和演讲稿。这些文献对认识与把握冈仓天心的中国认识、提炼出冈仓天心笔下的中国形象具有重要意义。

最初的中国之旅，是1893年7月至12月，历时大约五个月。在这一时期，冈仓天心担任东京美术学校的校长兼教授，受宫内省的委托，前往中国内地，对中国美术进行实地考察。这次中国之行从长崎出发，经过仁川，中国塘沽、通州、北京、开封、洛阳、西安、成都、上海，最后回到神户。借助这次中国之旅，冈仓天心在旅途中写下《清国旅行日志》《清国旅中杂记》《三笑录》等，归国后亦撰写论文《中国南北的区别》、演讲速记《中国的美术》、演讲笔记《中国行杂缀》等。

第二次前往中国，是1906年10月至次年2月，受波士顿美术馆委托，冈仓天心前往中国收购藏品。这一时期，冈仓天心在美国出版了英文著作《茶之书》，同时还担任波士顿美术馆中国·日本部的顾问。但是，这一时期的波士顿美术馆中国·日本部处在巨大的危机之中。换言之，冈仓天心可以说是为振兴中国·日本部而前往中国。其间，冈仓天心以北京琉璃厂为中心，经过洛阳、西安，收购了大量的挂件、铜镜、铜器等艺术品。

第三次中国之旅，是1908年6月至7月。该次旅行并非直接以中国为目的地，而是经过伦敦、巴黎、菲律宾、莫斯科，再经中国北京、天津等，最后返回日本。这次中国之旅虽然短暂，但冈仓天心在此期间访问琉璃厂，在雁丰购买约200件中国艺术品。

第四次中国之旅，是1912年5月至6月之际的短暂行程。据《九州·中国旅行日志》记载，"5月8日上午11点"抵达大沽冲，"5月9日乘坐上午4点40的火车，于12点抵达北京"。因此，这次的中国之旅是从5月8日起，至6月10日抵达"门司"的约一个月的中国之旅。[①] 这次旅行的目的，毫无疑问亦是收集古代美术品。由于当时的中国正好处于辛亥革命之中，不少满洲贵族前途未卜，因而许多宝物珍品低价流入市场，为波士顿美术馆的古物收藏提供了极好的机会。

不可否认，这样的铺叙与介绍，不仅可以一览冈仓天心中国之行的大致全貌，也可以直接地把握冈仓天心游历中国的目的之所在。但是，我们要如

---

① 冈仓天心. 冈仓天心全集第5卷[M]. 東京：平凡社，1979：250-277.

何来界定冈仓天心的中国认识，或许就会陷入不断游历、随处记载的见闻之中，从而缺少一个参照、比较的对象。因此，在本书所进行的考察中，尝试将冈仓天心的欧洲之行、美国之行以及印度之行纳入考察的视野，由此来考察与审视冈仓天心的中国认识，探索冈仓天心认识中国的比较性视野，探索隐藏在中国认识、中国形象背后的东洋与西洋之间、美术与政治之间，以及日本与亚洲之间的潜在逻辑，从而站在一个"间"的结构之下来树立冈仓天心的"多元的'间'结构"形象。

其次，如学者吴光辉所言，关于中国形象的研究与探讨，既是一个跨文化研究的理论问题，同时也是一个实践领域的重要问题。所谓跨文化研究的理论问题，即指站在跨文化的视角或者立场，如何克服和超越西方现代性的问题；而作为实践领域的重要问题则指中国处在了一个可称为"文化交涉"的全球博弈的激流之中。[①]

如今中国提出"文化走出去"战略，中国形象建构这一命题在经济全球化和"文明冲突"并存的当今世界具有了极为重要的意义。通过解构日本这一"他者"的中国形象，可以为中国自身形象的反思与建构提供思路。与此同时，正所谓"所有的他者形象，都起于自我意识"[②]，依照这一范畴，解构日本的中国形象，也可以为我们重新认识日本提供一条新的思路。换言之，研究冈仓天心的中国形象，本质上并不是研究中国，而是研究冈仓天心，研究日本。

围绕冈仓天心的"中国形象"问题，在此也必须阐明一个基本范畴。针对中国形象这一概念，本书认为它不同于迄今为止的中国观、中国印象、中国认识等一系列范畴。依照中国学者吴光辉的立场，所谓"中国观"，始终限定在了中国自身，亦在于日本是如何认识把握中国，或者说中国是什么的问题。所谓"中国印象"，无疑带有了文学性的色彩，乃是基于自身体验而构筑起来的模糊记忆，带有了不确定性或者异国情调的想象，缺少了知识性的基础。所谓"中国认识"，这一范畴的重点不在于自身的感受，而是在于

[①] 吴光辉. 他者之眼与文化交涉——现代日本知识分子眼中的中国形象 [M]. 厦门：厦门大学出版社，2013：11.

[②] 周宁. 天朝遥远：西方的中国形象研究 [J]. 转引自吴光辉. 日本的中国形象 [M]. 北京：人民出版社，2010：21.

体验之后的提炼，也就是上升到价值判断的理性认识。不可否认，这样的理性认识，大多是基于西方现代性原理而构筑起来的概念。基于这样的认识，本书所提到的"中国形象"，则是基于感受性的体验、知识性的诠释、理念性的提炼，从而构筑起来的"他者认识"。换言之，最为根本的一个前提，就是将中国视为日本的"他者"，一个巨大的"他者"，从而站在为了日本的立场，来审视与批评中国，由此而构筑起来的中国形象。不言而喻，这样的中国形象乃是日本意识的一大延续，是"为了日本"而认识、而想象的中国。

如今我们应该如何来建构中国形象？历史上，中国曾被描述为一个停滞的帝国，一个野蛮的帝国，一个近代化的落伍者，一个缺乏现代文明的国家，为此我们亦不断努力，尝试改变这样的中国形象。但是，这样的中国形象实质上并不是源于现今，而是带有了根深蒂固的近代化的色彩，潜藏着西方现代性的本质问题。鉴于此，我们要树立新的中国形象，或者要正确地树立起中国形象，必须回归到历史语境中，回归到中国形象的根源，由此来加以认识与批判。就此而言，冈仓天心的研究有利于我们站在东方与西方的双重立场来加以重新诠释：首先可以借鉴冈仓天心的西方批评重塑东方，重塑中国的话语批评；其次可以通过反思冈仓天心的日本认识重塑东亚，重塑中国的形象建设。

1.2.4 "间"结构

提到"间"结构，或许大多数人会联想到西方学者所提出的"主体间性"的问题，但是，本书在此探讨的是近代日本的日本人——冈仓天心这一人物，因此，在此我们尝试提到的所谓"间"结构，就不是作为主体的、作为独立个人的西方哲学范畴的一个延续，而是基于日本的根源文化、日本人的性格的一个概念。就此而言，我们需要梳理一下围绕这一概念而呈现出来的日本历史上的一系列学说或者理论。

首先，我们可以提到日本哲学家和辻哲郎（1889—1960年）。与西方近代哲学，尤其是以笛卡尔为代表的西方哲学的"我思故我在"的、以自我为出发点的观念不同，和辻哲郎站在存在主义的立场，指出人（日语为"人间"）的存在并不单是一个"个体"的存在，而是一个"世间""世上"的存在，而且，"人"也不单纯是"人之间"的存在，同时也是"自、他、世人之际的人之间"的存在，[①] 也是历史的、风土的、社会的存在。不仅如此，和辻哲郎还创造了"间柄"这一概念，指出我们的日常性的存在就是"间柄的存在"[②]，一方面，这样的"间柄"体现在人与人之间的关系下的独立个体的形成，一方面，这样的"间柄"也反映出人与人之间的各自限定、彼此定立的范畴。就这样，和辻哲郎站在伦理学的立场树立起人的存在的"间"结构的内涵。[③]

其次，与和辻哲郎的伦理学的立场不同，《通论考古学》（1922年）、《东亚文明的黎明》（1930年）、《东亚考古学研究》（1930年）等著作的著述者——滨田耕作（1881—1938年）则是站在"文化史学"的立场，提出作为取代过去"中国文明"的"东亚文明"的概念。在滨田耕作的理论之中，作为新的文化概念的"东亚"，被预设为地域内部的多元文化的发展。不可否认，滨田耕作的考古学研究是"以中国为中心，并就朝鲜、日本，也即东亚文明的起源……略述其大概"。[④] 但是，正是通过这样的区域设定，滨田耕作站在"文化史"的立场树立起一个以东亚为核心的内在的"间"结构，即日本是如何区别于中国、区别于朝鲜的文化体的存在。

最后，在这样扩大了的"文化史学"背后，事实上亦存在一种新的纵向的、社会学的"间"结构。这样的结构，或许正体现在以保田与重郎（1910—1981年）为代表的日本浪漫派思想之中。一方面，这一批人物以所谓的日本精神、日本天皇制为核心，将日本天皇置于国家或者民族的代表地位，将日本国民服务于天皇制、服务于日本视为国民性的体现、国家伦理的体现，从而树立起以服务于国家、服务于天皇制为核心的"纵向式"的"间"结构。另一方面，与这样的日本内部保持一致，日本向外扩张、不断侵略的历史中，树立起以日本为内地，以中国台湾、朝鲜半岛、中国东北为

---

① 和辻哲郎. 和辻哲郎全集第9卷 [M]. 東京：岩波書店，1962：16.
② 和辻哲郎. 和辻哲郎全集第9卷 [M]. 東京：岩波書店，1962：27.
③ 和辻哲郎的弟子滨口惠俊区别于西方"个人"的基本人际状态类型，提出了"间人"这一概念，以此强调人的相互性、弱化人的个体性。参见尚会鹏. 心理文化学要义 [M]. 北京：北京大学出版社，2013：63.
④ 子安宣邦. 东亚论——日本现代思想批判 [M]. 长春：吉林人民出版社，2004：49.

附庸的一种"中心/边缘"式的"间"结构，且带有了"力量"（power）逻辑与殖民色彩。在这一过程之中，我们可以认识到以个体、家庭为出发点、以横向意识为特征的和辻哲郎的伦理学，转变为一种以国家、民族为代表的纵向结构的社会学范畴。

不过在此，本研究不是要针对这样的结构进行一个历史的梳理或者逻辑的演绎，而是探究，这样的所谓"日本式"的学问的自我操作，究竟面对着一个什么样的外部语境，也就是如何在自我与他者、内部与外部的结构下得以呈现出来。不言而喻，回归历史语境，我们可以指出这样一个结构，本质上也是一个"间"结构。

具体而言，即是指冈仓天心这一近代日本人物所面临的西洋与东洋之间、美术与政治之间、日本与亚洲之间这一关系。这样一个"间"结构，可以说既适应于整个近代日本的知识分子，尤其是西洋与东洋之间，也只适应于部分睁眼看世界的日本人，尤其是处在日本与亚洲之间的一批人，或许也只是适应于冈仓天心自身，也就是一方面从事美术的收藏与整理，一方面却始终摆脱不了政治的纠葛。换言之，以冈仓天心为例，这样一个多元性、多样化的"间"结构，实质上并不具有普遍意义，或许只是适用于冈仓天心的独特逻辑。

在此，我们也必须指出一点，即这样的"间"结构就是一个巨大的陷阱。这样的一个结构，或许可以称为"二元对立"结构，但是无疑较之更为复杂、更为深刻。那么，本书尝试阐明的，也就是作为睁眼看世界的开明知识分子冈仓天心不管进行了什么样的选择，不管采取了什么样的决断方式，事实上皆会陷入这样的一个不可逃避、难以挣扎的"间"结构下。面对来自西洋的冲击，冈仓天心选择"东洋的觉醒"；面对来自亚洲内部的迷惘与失落，冈仓天心意识到"日本的使命"；面对来自政治的冲击与压迫，冈仓天心坚持"艺术的形式"。毋庸置疑，西洋、亚洲、政治，无疑充满了魔幻一般的"魅力"，也深刻地影响着、刺激着近代日本的知识分子，但也正因如此，作为主张突出自身主体性的"日本人"也就不得不陷入无可奈何的"神经衰弱"（夏目漱石语）的心理问题之中。或许这样的"间"结构，就是一道不可逾越的陷阱，始终横亘在日本知识分子的眼前。

1.3 前期研究综述

在日本，围绕冈仓天心的前期研究，可谓汗牛充栋，著述不少。尤其是战后二十年，一度陷入"冰河期"的冈仓天心研究转而得到极大关注。不言而喻，这一研究"热潮"与日本维新百年、成为最早实现现代化的亚洲国家这一事实或者宏大背景密不可分。

不过，以冈仓天心的中国考察为对象的研究则可谓凤毛麟角、屈指可数。在此，本书将试图梳理冈仓天心研究的视角，尝试对日本、中国的前期研究进行综述，进而阐明各个时期冈仓天心研究的重点与基本观点。

1.3.1 日本的前期研究综述

围绕日本的冈仓天心研究，本小节试图概述冈仓天心的出版著作、冈仓天心研究的视角以及冈仓天心的代表性研究。

1.3.1.1 冈仓天心著作出版概述

1903年，冈仓天心的第一部著作《东洋的理想》刊行于伦敦约翰玛丽出版社。该书的创作意图在于向西方世界阐释日本的美术及其思想史，因而采取九个章节逐一介绍日本从飞鸟时代到明治时代的美术特色及其文化思想内涵。但是，冈仓天心在阐述这一课题时，是以整个亚洲文化为大背景而展开的。因此，在进入对日本艺术的介绍之前，冈仓天心事先追溯中国儒道教的思想与文化，印度佛教的发展及艺术特色，然后概述这两种文化对日本的影响。

1904年，《日本的觉醒》刊行于纽约世纪出版社，该书向西方读者介绍日本从封建走向近代化的演变过程，强调日本在文明开化进程中传承传统的必要性。总体而言，该书的前半部分致力于对"黄祸论"的反驳，而后半部分则主张"白祸论"，其中对俄罗斯的非难以及对美国的善意态度贯穿始终。

1906年，《茶之书》刊行于纽约的福克斯·达菲尔特出版社。该书以诗意的笔调娓娓追溯茶道历史以及与茶道相关的种种艺术，最终以茶道大师一休禅师的死亡结束全书。西方对这部书的反应要远远热烈于前两部，很快就出现了瑞典语、法语、德语、西班牙语等多种译本。该书在为冈仓天心赢得世界性声誉的同时，亦以日本文化的精华——茶道征服了西方世界的众多读者。

冈仓天心著述的《东洋的觉醒》一书，在冈仓天心生前并未发表。1938年，由冈仓一雄、冈仓古志郎和早春桐原德重协作翻译并由河出书房出版，命名为《理想的再建》。1940年浅野晃重译，由圣文阁出版，命名为《东洋的觉醒》，此后学界便以此为定名。围绕《东洋的觉醒》的创作年代，学术界普遍认为是在冈仓天心旅印的1902年。该书笔调激昂，在历数西方各种各样的罪恶行径之后，高呼亚洲志士团结一体，以"剑"而非"仁慈"或"沉思默想"来回应西方。

冈仓天心逝世之后，在1922年，日本美术院出版《天心全集》（3卷本），收录冈仓天心遗稿、演讲、书信，以及生前发表的三部英文著作等的日译版本。至2017年，冈仓天心的全集已出现多个版本：《冈仓天心全集》（天、地、人之卷，圣文阁，1935—1936年）、《冈仓天心全集》（上、下卷，圣文阁，1936年）、《冈仓天心全集》（定版共5卷，圣文阁，1939年）、《冈仓天心全集》（5卷，六艺社，1940年）、《冈仓天心全集》（共9卷，平凡社，1979—1981年）、*Okakura Kakuzo Collected English Writings*（全3卷，平凡社，1984年）、《冈仓觉三〈清国旅中杂志〉〈三笑录〉》（茨城大学五浦美术文化研究所，1994年）等。

尤为值得一提的是，《冈仓天心全集》（共9卷，平凡社，1979—1981年）堪称迄今为止冈仓天心资料收集的集大成者，其内容涵盖冈仓天心的著作、言论、日记、书信、笔记等。《冈仓觉三〈清国旅中杂志〉〈三笑录〉》（茨城大学五浦美术文化研究所，1994年）则是继平凡社出版的《冈仓天心全集》（9卷本）以来的一次新资料的增补。该资料是冈仓天心第一次中国考察期间的旅行笔记本，即《清国旅中杂记》和《三笑录》，主要记录中国旅行中的见闻和感想，尤其体现冈仓天心对中国风景、文物、风俗、建筑、宗教等独到和敏锐的见解。

1.3.1.2　日本研究资料概述

依照日本国立国会图书馆的统计（截至2018年3月），冈仓天心各类研究著作计180余部。这样一批研究主要涵盖传记式的视角、思想史的视角、美术史的视角等，接下来本书将逐一阐述。

1. 传记式的视角

贯穿整个生涯的传记研究：作为冈仓天心生涯的概述资料，以 1922 年刊发的日本美术院编《天心全集》收入的略传、年谱为首，清见陆郎《冈仓天心》（平凡社，1934 年）、冈仓一雄《父天心》（圣文阁，1940 年）、宫川寅雄《冈仓天心》（东京大学出版会，1956 年）、齐藤隆三《冈仓天心》（吉川弘文馆，1960 年）、茂木光村《永远的天心》（文艺社，2002 年）、冈仓登志《曾祖父觉三 冈仓天心的实相》（宫带出版社，2013 年）等评传和传记出版不断。基本概述冈仓天心的学生时代、官僚时代、日本美术院时代、美国波士顿时代，内容涉及生活、交友、恋情、事业等多个方面。

贯穿部分生涯的传记研究：以波士顿美术馆时代、五浦时代等特定期间的人生轨迹为中心，特写冈仓天心的文学者、诗人、文化家等的形象或性格特征。在这一系列研究之中，大冈信的《冈仓天心》（朝日新闻社，1975 年）描写其包容性的人物形象，追踪其诗人的足迹，并指出正因为其诗人身份冈仓天心得以成为"纯粹"的保持者。松本清张《冈仓天心》（河出书房，1984 年）以冈仓天心与九鬼隆一夫人初子的恋情为中心，描写冈仓天心的交友、为人和处事，从而刻画和凸显出冈仓天心性格中放诞不羁、不负责任的一个侧面。

2. 思想史的视角

日本学者站在思想史的角度展开冈仓天心研究的历史可谓从未间断过，且大多数研究是基于冈仓天心的英文著作，尤其是"亚洲一体论"来考察冈仓天心对昭和时代的影响，其结论也大多是推导出作为亚洲主义者的冈仓天心。

战前和战时的冈仓天心论：冈仓天心逝世之后的 20 世纪 30 年代，掀起了一股冈仓天心研究热潮，尤其是以保田与重郎、浅野晃和龟井胜一郎为代表的日本浪漫派。他们高度赞扬冈仓天心精神，将之诠释为"明治精神"的代表，战时冈仓天心的"亚洲是一体的"言论也被选作"大东亚战争"的开战日口号。1937 年 2 月，保田与重郎在《文艺》发表论文《明治的精神》，可谓是浪漫派对冈仓天心最早的评论，在此之后的 1937 年 12 月，浅野晃在《新评论》杂志发表《东洋的理想和现实》一文，1939 年，龟井胜一郎在《作家论》杂志发表文章《冈仓天心》。

尤其值得关注的是保田与重郎创作的《明治的精神》一文。保田与重郎写道："天心虽然不是我国被认可的文艺史批评家，却是被海外认可的批评家。在明治精神的最高潮——日俄战争之期横渡海外、在波士顿宣扬东洋的美术，冈仓天心集中了所有天才的光荣。"在此，保田与重郎突出了冈仓天心的世界性、被海外认可的权威性，将之比喻为"天才"。不仅如此，保田与重郎还提到："天心提出'亚洲是一体的'口号，展现了印度的高度、中国的广度，以及日本的深度，发现了对日本拥有的永远的'爱'。揭示1500年来保卫和储存亚洲遗产的正是日本的精神。"[①] 在此，保田与重郎将冈仓天心的精神归结为"日本的精神"，也就是"明治的精神"，为之进行了战争的宣扬。

战后的冈仓天心思想论：1946年1月1日，为追究文学家的战争责任，杂志《文学时标》宣称，"以纯粹文学之名，彻底追究、弹劾那些厚颜无耻的文学亵渎者，一个也不放过"。并附有"文学检察"一栏，拟对三十多名文学者进行责任追查，其中作为浪漫派代表的保田与重郎与龟井胜一郎，亦出现在追责名单之内。[②] 自此，战后冈仓天心的研究进入批判与反思的时期。

1956年，宫川寅雄出版《冈仓天心》一书，将冈仓天心的人生分为两个部分，对其前半生，即作为美术指导者的冈仓天心加以肯定，而对其后半生，即以四部英文著作为中心的冈仓天心则加以严厉的批评。宫川寅雄指出，冈仓天心在《东洋的理想》一书中不仅赞美教育敕令，还为日俄战争做辩护，而在《东洋觉醒》一书中则充满了独断、挑战、煽动等话语，呈现出其思想中的民族主义色彩。

与宫川寅雄的思想批判相对，冈仓古志郎则认为，"天心的思想并非侵略的手段，而是和平的手段"。1958年，冈仓古志郎在光明社出版《名族》一书，指出，"'亚洲是一体的'这句话是我的祖父冈仓天心在《东洋的理想》一书中开篇写到的名句。天心所指'亚洲一体论'指的是终极的、普遍的爱，是所有亚洲民族共同的思想遗产，表达的是'阿拉伯的骑士道、中国的伦理、印度的思想、所有的一切都是诉说古代亚洲的和平，是它们孕育了

---

① 橋川文三. 岡倉天心 人と思想 [M]. 東京：平凡社，1982：133-134.
② 坪内隆彦. 岡倉天心の思想探訪 迷走するアジア主義 [M]. 東京：勁草書房，1998：167.

共通的生活。虽然是不同的地域,虽然绽开不同的花朵,但不存在国界'"。①在这一研究下,冈仓天心的思想被赋予"普遍的爱"的意义,以及超越国界的和平价值。

1962年,竹内好在《朝日杂志》发表文章《冈仓天心——亚洲观之批判》。竹内好指出,"天心是一位难以定论的思想家,在某种意义上说,又是一位危险的思想家。说他难以定论,因为他的思想包含着拒绝定型化的因素;说他危险,因为他的思想具有不断发射的放射能"。② 就此,竹内好指出冈仓天心思想的复杂性,同时亦提示出近代日本思想研究的困境之所在。

2005年,木下长宏在著作《冈仓天心》中鸟瞰冈仓天心的整个生涯,并由此来思索与评价冈仓天心思想的本质,认为冈仓天心通过美术研究巩固自身的"明治日本人"的身份。该书直接指向"亚洲是一体的"这一表述,通过文本的考察与历史的再叙述,指出冈仓天心实质上没有"肯定"日本在亚洲的霸权。

3. 美术史的视角

美术史的视角也是冈仓天心研究的一个热点。初期的冈仓天心研究,一般从英文著作的内容、冈仓天心对昭和思想界的影响来思考其思想的本质。这样的思考方法就犹如从冈仓天心思想的一个侧面(英文著作)进行考察,从而推导冈仓天心的整体形象。事实上,日本学者亦认识到这一研究立场的问题所在,即冈仓天心的思想不应该从英文著作的内容进行判断,那样将重蹈"昭和时期"式的错误的冈仓天心认识。③

众所周知,冈仓天心作为文部省官僚参与了古社寺保存调查,兼任了东京美术学校校长和帝国博物馆(现东京国立博物馆)理事,参与了至今仍在刊发的美术杂志《国华》的创刊等,活跃于近代日本美术舞台的中心位置。之后,冈仓天心作为日本美术院主管、古社寺保存会委员、波士顿美术馆中国·日本部顾问等终其一生于美术世界。也就是说,站在美术史的视角来研

---

① 坪内隆彦. 岡倉天心の思想探訪 迷走するアジア主義 [M]. 東京:勁草書房,1998:189.
② 橋川文三. 岡倉天心 人と思想 [M]. 東京:平凡社,1982:179.
③ 金子敏也. 宗教としての芸術―岡倉天心と明治近代化の光と影 [M]. 東京:つなん出版,2007:22.

究冈仓天心，乃是一个必然。

作为这一领域的代表性研究，我们可以提到中谷伸生《为何大阪画坛被遗忘——从冈仓天心到东亚美术史的构想》（醍醐书房，2010年）、金子敏也《作为宗教的艺术——冈仓天心和明治近代化的光与影》（TUNAN出版，2007年）等。尤其值得关注的是河北伦明在著作《冈仓天心和日本美术院的画家》（讲谈社，1978年）之中概述了冈仓天心和日本美术院的发展，并指出冈仓天心对于东洋近代美术是一个巨大的存在：冈仓天心的思想撞击着东洋的深渊，冈仓天心的历史观依托宏大的世界史并释放着自我不灭的光芒，冈仓天心开创并留给了后人无尽的事业：东京美术学校、帝国博物馆、传统美术保存修理的各机构、日本美术院、文部省美术展览会、波士顿美术馆中国·日本部等，构筑起当今美术界的基石，冈仓天心贯穿于这一系列思想和行动之中的热情和见识，至今依旧给予我们以无穷的感慨与鞭策[1]。

作为最新的研究成果，吉田千鹤子《日本美术的发现》（吉川弘文馆，2011年）以冈仓天心对传统美术的保护为中心，论述在明治西化浪潮中，冈仓天心如何再度评价面临危机的传统美术，如何与费诺罗莎一起献身于传统美术的保护。美术史家高阶秀尔在《19、20世纪的美术》（岩波书店，1993年）一书中认为，冈仓天心是"开明的传统主义者"，而绝非单纯的民族主义者或传统主义者。因为冈仓天心在明治的美术运动中体现了积极吸收近代思想的进步态度。美术史家堀冈弥寿子在《冈仓天心》（吉川弘文馆，1974年）一书中则否认冈仓天心的政治意图，提醒世人注意：冈仓天心的著作采用的是英文，因而并非为日本人而创作的，并指出"亚洲一体论"事实上不具备煽动的意图。

概言之，冈仓天心的研究在昭和初期，还处于资料的整理汇编以及英文著作的翻译引进阶段，而战败后的20年则处于冰河期。自20世纪70年代以来，主要是生涯传记式的研究，尤其是文献资料的发掘和整理。进入20世纪90年代以后，随着《冈仓天心全集》（9卷）的出版，冈仓天心研究获得了一定的进展，并开始转入艺术和细部研究。至21世纪，相关研究更是

---

[1] 河北倫明. 河北倫明美術論集第4卷［M］. 東京：講談社，1978：11.

成果斐然，多视角的特色日益显著，研究领域也涉足思想、艺术、文学等多个方面。

1.3.2 中国的前期研究综述

1.3.2.1 冈仓天心的翻译与介绍

自1996年起，冈仓天心的作品被陆续介绍到国内。以1996年的第一部译著问世为起点，到2018年3月为止，出版冈仓天心著作译本计17部。其中作品《茶之书》的翻译和出版从未间断过，自1996年起，累计翻译出版14次。

表1 冈仓天心著作在中国的译介

标号	译者	著作名	出版社	时间
1	张唤民	《说茶》	百花文艺出版社	1996
1	张唤民	《说茶》	百花文艺出版社	2003
2	郑凤恩	《茶之书》	典藏艺术家庭股份有限公司	2006
3	谷意	《茶之书》	五南图书出版股份有限公司	2009
3	谷意	《茶之书》	山东画报出版社	2010
3	谷意	《茶之书》	山东画报出版社	2013
3	谷意	《茶之书》	五南图书出版股份有限公司	2014
4	蔡春华	《中国的美术及其他》	中华书局	2009
5	尤海燕	《茶之书》	北京出版社	2010
6	江川澜	《茶之书·"粹"的构造》	上海人民出版社	2011
6	江川澜	《茶之书·"粹"的构造》	上海人民出版社	2016
7	徐恒迦	《茶之书》	中国华侨出版社	2015
8	谷泉	《茶书》	新星出版社	2016
9	黄英	《觉醒之书》	四川文艺出版社	2017
10	刘仲敬	《理想之书——尤其是有关日本艺术的理想》	四川文艺出版社	2017
11	王蓓	《茶之书》	华中科技大学出版社	2017
12	高伟	《茶之书》	四川文艺出版社	2017

1.3.2.2 论文概述

根据中国知网和国家图书馆的数据显示，中国学术界针对冈仓天心的研究始于1982年。截至2018年3月，以中国知网为例，输入关键词"冈仓天心"，共出现88篇相关论文，其中单独论述冈仓天心的论文16篇，兼论冈仓天心的论文23篇，提及冈仓天心的论文49篇。内容对象主要集中在《茶之书》、冈仓天心的亚洲观、冈仓天心的美术史地位等。此外，2017年，国内冈仓天心的首部研究专著刊发——《东西方文化冲突下的亚洲言说：冈仓天心研究》（蔡春华著，人民出版社，2017年）——为国内冈仓天心的研究提供新视角。该书以美术为主要媒介，通过追溯冈仓天心的人生轨迹以剖析冈仓天心思想的发展历程以及近代日本文化侵略思想的形成与发展。研究论文的详细情况，见表2。

表2　中国学术界的冈仓天心研究论文一览

论文年份	论文篇数	相关度	数量	相关内容
2017	5	c	5	《茶之书》、文物修复
2016	8	a	4	明治美术史、《东洋的理想》《茶之书》
		c	4	《茶之书》《东洋的理想》、亚洲观
2015	6	a	1	南北异同论
		b	1	亚洲观
		c	4	《茶之书》、孔子认识、谢赫六法
2014	4	b	2	亚洲观、艺术品收购
		c	2	《茶之书》、美术观
2013	10	b	3	美术观、美术收购
		c	7	亚洲观、《茶之书》、美术观
2012	7	a	1	《东洋的理想》、兴亚论
		b	2	美术观、人生传记
		c	4	中国观、《茶之书》、美术观
2011	6	a	3	亚洲观
		c	3	《茶之书》、美术观

续表

论文年份	论文篇数	相关度	数量	相关内容
2010	10	a	3	书评：《茶之书》
		b	5	亚洲观、传统美术保护
		c	2	《茶之书》、美术观、亚洲观
2009	1	c	1	《茶之书》
2008	8	a	2	《茶之书》、亚洲观
		b	4	亚洲观、美术观
		c	2	美术观、美术收藏
2007	5	a	2	《茶之书》、日本美术院的创立
		b	1	《茶之书》
		c	2	亚洲观、日本美术振兴
2006	2	c	2	美术观、英译六法
2005	1	b	1	亚洲观
2004	1	c	1	美术贡献
2003	1	c	1	国粹主义
2002	1	c	1	波士顿美术馆工作
2001	3	b	1	美术观
		c	2	美术史地位
1999	1	c	1	《茶之书》
1998	1	b	1	亚洲观：日本伟大特权
1997	1	b	1	兴亚论
1995	1	c	1	新日本画
1993	1	b	1	亚洲观
1992	1	c	1	美术思想
1989	1	c	1	新日本画运动
1988	1	c	1	日本美术史
1987	1	c	1	新日本画运动

注：相关度 a：论文 70%—100% 以冈仓天心为论述对象。

相关度 b：论文 30%—70% 以冈仓天心为论述对象。

相关度 c：论文 5%—30% 以冈仓天心为论述对象。

基于这样的研究成果，中国学术界的前期研究，大致可以整理归纳如下：

20世纪80年代，冈仓天心的名字开始出现在中国的研究论文之中，且主要是论述冈仓天心在近代日本美术史的地位。以刘晓路《新日本画运动——论明治时期传统绘画的变革》（《美术研究》，1989年）一文为代表，该文指出冈仓天心是继费诺罗莎之后实质性指导新日本画运动的日本人，突出冈仓天心在日本美术史上的重要地位。

20世纪90年代，中国学者对于冈仓天心的研究仍处于起步阶段，但是相较80年代而言，研究范围有所扩展，不仅涉及冈仓天心的美术史地位，还提到冈仓天心的《茶之书》和亚洲观。高增杰在《福泽谕吉与近代日本人的中国观——思想史和国际关系的接点》（《日本学刊》，1993年）一文中指出，冈仓天心的中国观是不同于福泽谕吉中国观的另一种中国观："冈仓天心不像福泽谕吉那样出于观念上对儒学的否定而轻视中国，而是更多地从具体细部了解中国，并多次到中国进行调查和研究。"王向远在《从日本文坛看日本军国主义思想及侵华"国策"的形成》（《抗日战争研究》，1998年）一文中指出，明治维新之后的一批以福泽谕吉、中江兆民、冈仓天心等为代表的在野文人和作家，乃是较早表述对华侵略设想或为侵华制造理论依据的一批人。如果说福泽谕吉与中江兆民主要站在政治经济的角度表达了日本的军国主义意识的话，那么冈仓天心则是站在文化的角度表现了同样的军国主义思想。

步入21世纪，关于冈仓天心的研究论文出现了增长趋势，但是研究范围与20世纪90年代类似，依旧是以冈仓天心的美术史地位、《茶之书》和亚洲观为主要对象，尤其值得注意的是从2007年、2008年出现四篇以冈仓天心为主要对象的研究论文，分别是张少君《冈仓天心与日本美术院的创立》（《新美术》，2007年）、陈平原《茶甘醇文幽深》（《书城》，2007年）、阎小妹《从〈日本美术史〉到〈东洋之理想〉》（《书城》，2008年）、蔡春华《〈茶之书〉面向西方世界的言说》（《东方丛刊》，2008年）。具体而言，张少君在《冈仓天心与日本美术院的创立》（《新美术》，2007年）一文中指出冈仓天心对于日本美术的贡献主要在于对传统日本美术的保护以及对"新日本画"的支持。他指出日本美术院的基本理念就是：在已经确认的日本固有的文化传统基础上,把吸收西欧制度和文化创新作为目标,其意义就是创"新古派"。蔡春华在《〈茶之书〉面向西方世界的言说》(《东方丛刊》,2008年)一文中指出冈仓天心站在日本文化的土壤上,面向西方世界极力宣扬东方文化里的一种美好典范,他的言说是成功的。

自2010年至今,关于冈仓天心的研究达到了一个高峰,关于冈仓天心的研究论文亦达到10篇,同时还出现了两篇以《茶之书》为对象的书评。尤其值得关注的是,进入2010年之后,冈仓天心的研究尽管集中在亚洲观这一领域,但是也开始出现论述冈仓天心中国认识的相关学术论文。以蔡春华在《从艺术史到亚洲一体论》(《关东学刊》,2016年)为例,该文指出亚洲一体论的生成既以东亚艺术的共通性为基础,也建立于彼时东西方激烈的对立与冲突之上。这一理论在"二战"时被引申为日本征战亚洲的理论武器,也应有其内在的引申空间。蔡春华还指出,冈仓天心对中国伟大的感叹只在于历史过往中的中国传统美术与儒释道思想,而不包括彼时置身于列强猎食场中的现实里的中国。史桂芳在《亚洲主义与日本对外侵略》(《学术争鸣》,2010年)一文中指出,冈仓天心提出了"亚洲一体"的观点,并主张亚洲在日本的领导下实现复兴。史桂芳同时还指出,亚洲一体论是亚洲主义的雏形,其实质是打着日本领导亚洲实现复兴的幌子谋求日本独霸亚洲,独享在亚洲的侵略利益。

其中,这一时期,译介日本学者的研究成果,亦成为冈仓天心研究的一个亮点。东京大学教授村田雄二郎在《冈仓天心的中国南北异同论》(《华东师范大学学报》,2015年)一文中指出,冈仓天心宏观地从中国历史文化南北差异来论述的视角,具有独创性和先驱性。尤其是冈仓天心从美术与文化观点梳理其对中国地理、空间多元性的独特构想,在今日看来也为我们重新思考"铸成'中国'这一世界的历史与文化的动力"提供了许多重要的线索。

概言之,中国学术界的冈仓天心研究,仍处在起步阶段。这一研究的特点,首先在于冈仓天心著作的翻译,并以《茶之书》为代表。换言之,冈仓天心首先是作为"文化家"被介绍到中国。其次,冈仓天心的研究热点,主要集中在"亚细亚主义"这一视角,无论是中国认识还是日本评价,中国学者皆采取了批判的态度，且关注到冈仓天心的"亚洲一体论"被日本帝国主义者所"恶用"的问题。最后，针对冈仓天心的思想批判，大多延续日本学者的立场，并翻译介绍日本当今学者的研究。换言之，中国的冈仓天心研究依旧处在起步阶段，故而需要加强译介活动、突出文本诠释，由此才能树立起扎实、正确的批评话语。

第二章 作为世界旅行者的冈仓天心

第二章 作为世界旅行者的冈仓天心

美国太平洋舰队司令佩里率领"黑船"抵达日本,打破日本200年的锁国之梦,将日本拉入一个新的世界体系之中。这一时期的日本,开始逐渐走向世界,并逐渐表现出对"世界"的无限向往。

西方文明亦成为开国之后日本人重点关注的对象。1860年,幕府派遣使节团乘坐"咸临丸"前往美国进行考察,横穿整个美洲大陆。1866年,幕府派遣以中村正直为代表的12人留学生到英国,就英国的政治体制、社会经济、教育政策进行考察。1871年,新兴的明治政府派出以右大臣岩仓具视为首的大型使节团出访欧美,全面考察资本主义国家的各项制度,施行欧美式的"内政外交"。在这一过程中,日本人体验了最为先进、最具前景的西方文明。因此,西方也就逐渐成为了日本学习、模仿的对象。

事实上,日本人的足迹并非止于西方,同时亦指向"亚洲"或者"东方"。1862年6月2日,日本船"千岁丸"驶抵上海,以上海为中心,对政情民风、经贸状况、关税制度等进行详细考察,开启近代日本人考察中国、游历中国的序幕。这样一批学者、记者、实业家、宗教界人士乃至官员、军人等在目睹动荡中国社会的衰败现实景象之后,转而对现实中国留下"蔑视"的眼光。

换言之,这一时期的日本,与其说在一开始就指向了西方,倒不如说是经历了东西方的文明考察,尤其是文明评价之后,才选择西方式文明化的道路。这一时期走出日本国门,走向东方与西方的日本知识分子,犹如一个穿越"世界"的旅行者。而在这样的一批旅行者之中,冈仓天心可谓一个代表性的人物。

2.1 冈仓天心的欧洲体验——以欧洲美术考察为中心

明治初期的日本，仿佛一下子觉醒过来，对于整个西方开始抱有浓厚的兴趣，并进入到"鹿鸣馆"时代。这一时期的明治政府为更好地推行殖产兴业、文明开化、富国强兵三大政策，开始直接雇佣西方人才——外国人雇佣者，以此来直接引导日本人接受西方化。在这样一批人物中，美国人莫斯（Edward Sylvester Morse, 1838—1925 年）尤为突出。作为明治初期的外国雇员之一，莫斯毕业于美国哈佛大学生物学系，1870 年起任教于哈佛大学，1876 年担任美国科学振兴协会副会长，1877 年作为外国研究员受聘于日本，并担任东京大学动物学教授。其间，莫斯亦推荐费诺罗莎（Ernest Francisco Fenollosa, 1853—1908 年）赴东京大学任教。而后费诺罗莎成为引导冈仓天心走上历史舞台的重要人物。

与日本的西方化相对应，这一时期的西方，亦极为盛行所谓的"日本趣味"。1862 年，伦敦世界博览会开幕；1867 年，巴黎世界博览会开幕；1873 年，维也纳世界博览会开幕。在这样的一系列世界博览会之中，日本的参展作品，尤其是工艺品得到西洋的大力追捧，并逐渐形成一股收藏日本工艺品的风潮。而这样一个"日本趣味"盛行的时代风潮恰好成为冈仓天心走向世界的一大背景。

这一时期的日本，正经历着明治维新之后的"废佛弃释"运动。大量寺庙佛像惨遭破坏，大批佛像绘画被低价销售，处在一个"偶像"破坏时期。不过，对于醉心于"日本趣味"的西方人士，尤其是费诺罗莎等而言，却是收集日本工艺美术品的绝好时机。就在这一时期，冈仓天心作为费诺罗莎的英语翻译，积极参与古画收集和日本美术研究，并经常一道鉴赏古画，走访京都、奈良。这一段经历为之后冈仓天心的美术事业打下了坚实的基础。

费诺罗莎于 1878 年担任东京大学教授之后，一直致力于振兴日本传统美术。1879 年，"龙池会"宣布成立，原维也纳世界博览会的副总裁佐野常民任会长，费诺罗莎任名誉会员。1882 年，费诺罗莎于上野教育博物馆发表影响深远的《美术真说》一文，提倡日本人应该珍惜自己的传统艺术，复兴日本画。两年之后的1884年，冈仓天心加入龙池会，并与费诺罗莎、狩野友信一道组织成立鉴画会，经常走访京都、奈良的古寺庙。

冈仓天心在日本美术界的轰动效应，应该可以追溯至"揭开法隆寺梦殿观音佛像面纱"事件。法隆寺的梦殿观音，乃是日本著名佛像之一，自古以来以神秘而著称，且绝不示人。1884年，冈仓天心与费诺罗莎、加纳铗斋一同请求僧侣打开大门，僧侣言道："打开此门必引雷鸣。"① 事后，冈仓天心在其回忆之中论述这一事件实乃人生一大乐事。

经历了这样一系列的"美术事件"之后，冈仓天心开始将自身的视角指向西方世界，指向艺术殿堂的中心——欧洲。历史仿佛为冈仓天心打开了一扇通往美术的大门，并进而成就冈仓天心的第一次世界之旅。

2.1.1 欧洲美术考察的动机

1886年10月2日，为了筹备东京美术学校的创办事宜，日本文部省组织成立欧洲美术教育事业调查委员会，赴欧美进行为期一年的美术考察。正在欧洲出差的文部省参事浜尾新任委员长，美术学者费诺罗莎和冈仓天心等人则担任美术调查委员会委员。

根据冈仓天心的旅行日志，这一次委员会的考察路线主要如下：美国—法国—瑞士—奥地利—意大利—西班牙。换言之，此次考察乃是以欧洲为中心，尤其是法国、意大利、西班牙等一系列国家为主要考察对象。回溯历史，近世日本曾一度盛行"兰学"，以荷兰为学习的对象。到了明治维新的前夜，则是流行以英学（英吉利学）、露学（俄罗斯学）为代表的洋学。不过，就艺术或者美术而言，本次委员会的考察路线则侧重在法国、意大利、西班牙这样一批不曾被日本过多介绍、关注的国家。因此，对于第一次出访海外的冈仓天心而言，他将体验到的将是一个"全新"的世界。

根据《大日本教育会杂志》第四十号（1886年9月30日，大日本教育会事务所发行）文件的内容，我们可以了解到，该委员会致力于振兴日本美

---

① 斉藤隆三. 岡倉天心 [M]. 東京：吉川弘文堂，1969：42.

术教育，促进日本美术发展。该次考察的具体任务被罗列为：①

（1）美术学校的组织管理以及学科教授法；

（2）美术学会以及美术工会的组织管理；

（3）美术博物馆的管理以及馆藏品的保存方法；

（4）美术博物馆建筑的样式；

（5）公立美术博览会的组织法；

（6）工艺美术的改良要点；

（7）日本美术融入外国建筑装饰技术的基本要求；

（8）美术作品的仿制方法；

（9）欧洲美术发展历程以及著名作品评价。

具体而言，本次委员会的重点，首先在于考察西方的美术教育、美术学校、美术学会以及美术博物馆等的组织管理，也就是要建立日本自身的美术机构，尤其是注重其组织管理、学科教学，以此来振兴美术，培育人才。

其次，则在于工艺技术的考察。或是学习改良工艺美术的要点，或是考虑如何融入外国建筑装饰技术，或是仿制美术作品的方法。就此而言，日本期望的是"和魂洋才"式的文化嫁接，以折中融合的方式让自身的工艺美术可以跻身于世界工艺美术之林。

概言之，这一委员会之所以到欧洲考察，重点在于模仿欧洲的组织形式，借鉴欧洲的改良技术。

2.1.2 欧洲见闻

这一时期的冈仓天心，正值24岁的风华之年，且对于整个世界带有了深切的向往。冈仓天心在通往欧洲的途中曾有感而发，作汉诗如下：

渡太平洋

一醉抛杯笑上船，惊波浩荡大洋天。

中原大势几时定，六国连横尤未全。

急雨惊风云在水，怒潮驱月影如烟。

---

① 岡倉天心. 岡倉天心全集第5卷［M］. 東京：平凡社，1979：502.

扶桑蓝港何边是，征舰斜臻北斗前。①

在此，"中原大势几时定，六国连横尤未全"一句，中原乃指中国，六国则是指中国的战国时代。不难看出，冈仓天心是借助中国的战国时代来比喻当今社会，再现欧美列强彼此争锋，世界局势跌宕起伏的混乱状态。换言之，"急雨惊风""怒潮驱月"般的世界格局之下，冈仓天心开启了第一次欧洲之旅。

那么，冈仓天心的欧洲之行，究竟留下了什么样的见闻？在此，我们可以借助冈仓天心的旅行日志来加以审视与考察。该日志是一本长23厘米、宽18厘米的厚壳西洋笔记本，无标题，内容为英日混杂，用钢笔书写。②

首先，该日志详细记录了欧美期间的考察行程。冈仓天心的日记始于3月2日里昂之行。抵达里昂之前，冈仓天心游历了纽约和巴黎。停留里昂期间，冈仓天心访问了美术学校、美术馆、国立职业学校、职业师范学校、种马场等。3月12日，冈仓天心一行抵达维也纳，聆听音乐会，有感于瓦格纳和巴哈的音乐之美。14日，在歌剧院聆听《舒曼》，评价其尤为精彩，其间拜访维也纳的宪法学者，访问自然史博物馆和美术史博物馆等。4月11日驶向西班牙，访问美术馆、教堂和图书馆……10月11日，抵达横滨。③ 就此而言，冈仓天心在长达一年的欧洲视察之中，不仅访问了大量的著名美术馆、博物馆，还聆听了极具代表性的音乐剧和歌剧等，深刻地体验了欧洲艺术的精髓，欧洲文化的精华。

其次，该日志中亦表达了冈仓天心对文明的反思。欧洲文明无疑展现出华丽的外表，代表上流社会的荣华，但是，冈仓天心却并没有止步于此，而是开始反思欧洲文明的负面，并探索人类的普遍性问题。1887年3月5日，冈仓天心参观了法国克吕尼的教堂，并在日记之中留下了如下文字：

……前期的许多塔都保留了下来，墙体上留有枪口，提醒着我们弁庆时期。屋顶是独特的，值得研究。啊！战争是人类工程的敌人。战争

---

① 岡倉天心.岡倉天心全集第7卷 [M].東京：平凡社，1981：482.
② 岡倉天心.岡倉天心全集第5卷 [M].東京：平凡社，1979：502.
③ 木下長宏.岡倉天心 物二観ズレバ竟二吾無シ [M].京都：ミネルヴァ書房，2005：82.

何时会停止呢？人类是可怜的存在。地球就像一个腐烂的苹果。它的皮在起皱，它的核在腐烂。山和河是它表面的皱纹。雄心为何？名字为何？"一微尘中有一世界"，我们也是"一世界"在"一微尘"。无限的存在没有高低大小。我们为何笑、为何哭。"问天不答地无声，大人一笑少人哭"。[①]

在此，透过塔上残留的枪孔，冈仓天心开始反思战争和人性。"战争是人类工程的敌人。战争何时会停止呢？人类是可怜的存在"，这些语句表达冈仓天心对战争的排斥和反省精神，并体现冈仓天心对"人的本质存在"的思考。不仅如此，"一微尘中有一世界"还体现冈仓天心深厚的佛学修养。回溯历史，冈仓天心曾长期寄宿于神奈川长延寺，而后作为东京大学学生亦曾潜心学习佛教，之后在参与文部省的古寺调查期间则接触了大量的佛教美术，并结识园城寺法明院樱井敬德阇梨、宝生寺丸山贯长，以及具有深厚佛学造诣的今泉雄作等人。1885 年，冈仓天心被樱井敬德阇梨授予"菩萨十善戒牒"，法号"佛子觉三"等。换言之，欧洲之行并没有令冈仓天心进一步醉心于西方文明，反而是刺激了其内心深处的东方意识。

2.1.3 归国演讲

欧洲考察一行回国之后，于 1887 年 11 月 6 日，由鉴画会主持，在木挽町的贸易公会堂举行了归国报告。冈仓天心在发表主题演讲之际，针对当下的日本美术进行评论，可概述如下：

> 纯粹的西洋论者认为，除去西洋的绘画方法，其他都不足以称为绘画；除去西洋的雕刻，其他都不能称之为雕刻；纯粹的东洋论者，则总是把日本固有挂在嘴边，而日本真正的固有在哪里？天平时期的美术源自三韩；延喜时期的美术与唐朝文化相关联；东山时期的繁盛基于宋朝的禅；桃山的灿烂根源于朝鲜征战和荷兰；折中论者，则犹如当今的社会——破坏以前的事物，而将来的路途又未决定的无主义者；自然发展

[①] 冈仓天心. 冈仓天心全集第 5 卷 [M]. 东京：平凡社，1979：291，292.

第二章 作为世界旅行者的冈仓天心

论者，则是不讨论东西的区别，而是基于美术之大道；取其有理之处，研究其美之所在，根据过去的沿革和现在的形势进行发展。①

演讲中冈仓天心梳理了日本美术界对东洋和西洋的认识。不禁提到纯粹的西洋论者、纯粹的东洋论者，还提到所谓的折中者和自然发展论者。其核心的问题意识即在于："就美术而言，日本应选择东洋还是西洋？"

不言而喻，对于第一种观点，即纯粹的西洋论者，冈仓天心持否定态度。依照冈仓天心的诠释：就西洋而言，国土、国民性、历史等各国各有不同之处。此点在美术上亦有所反映，因此统一将之称为西洋显而易见是错误的。如今，西方文艺处在停滞状态，正期待新的文艺复兴，因此，必须找到开启新时代的途径。

这样的途径，冈仓天心认为不外乎两条：一条是基于古代大家的原理，也就是"复古之道"；另一条则是自西洋之外——东洋，尤其是日本来寻找美术的新方法。冈仓天心认为，欧洲之所以大量购买日本浮世绘，沉迷于"日本趣味"，就是为考证日本艺术是否契合西方自身的需要。因此，日本成为西方渴求的"异国情调"。不言而喻，冈仓天心希望借助"日本趣味"尝试探寻日本美术走向世界的道路。

对于第二种观点，即纯粹的东洋论者，冈仓天心亦持反对态度。这一观点的持有者一方面排斥西洋，一方面大力赞扬日本的固有美术。然而，日本固有的美术原本就是源于古代朝鲜，源于古代中国，因此，所谓"日本固有的事物究竟在哪里"实则是一个难以解脱的困境。而且，冈仓天心认为，即便是如今的日本美术，也是处在"衰退"之中，因此有备于将来，只是复活古代美术，只是模仿西方乃是行不通的，必须与国外并肩前行。

对于第三种观点，即折中主义者，冈仓天心亦持反对态度。东西方各自的美术原本就不完美，将两种美术加以合并，就会陷入一种"昨日东洋，今日日本"式的机会主义，这也是不可取的。并以访欧途中的一个事例加以论证：一位知名画家就曾谏言，维新之后的日本似乎凡事皆模仿英国，并奉劝日本人应该信仰"自我"。正所谓"忠言逆耳"，日本人应该保持自我的警惕。

---

① 岡倉天心.岡倉天心全集第3卷［M］.東京：平凡社，1979：173，178.

冈仓天心既不支持纯粹的西洋论或东洋论者，亦不支持所谓的折中论者，而是提出第四种观点，即自然发展论。冈仓天心认为，自然发展论虽然还比较陌生，但是却存在合理之处。这一理论既是指"不讨论东西的区别，而是基于美术之大道；取其有理之处，研究其美之所在，根据过去的沿革和现在的形势进行发展。意大利的大师中有值得参考的地方就参考，油画中有值得利用的地方就利用，并进一步自我实验发明，采取适合未来人生的方法……美术是天地共有的，因此没有东西之别。宗派就是弊端的根源。胸怀洞然，以诚相待，必是美之所在。相信自我，摒弃怀疑"。①

可见，冈仓天心既反对纯粹的西洋论者抑或纯粹的东洋论者，亦反对折中论者，主张自然发展论。事实上，根据费诺罗莎在龙池会上的演讲，若依照冈仓天心的标准来进行分类的话，费诺罗莎可以归类为纯粹的东洋论者。日本美术史论家高阶秀尔亦指出，"最初大约一年的海外旅行，首次让我们察觉到成长了的、独立的'天心'。之前，天心的思想几乎与费诺罗莎完全相同，鉴画会上的归国演说初次显示出冈仓与费诺罗莎之间的微妙差别，抑或可以说是暗示"。② 在此，一个在美术认识上具有主体意识的冈仓天心得以呈现。

概言之，为了筹办东京美术学校，1886年10月，由宫内省委派赴欧洲进行的约一年的美术调查中，冈仓天心不仅考察了美术馆和博物馆等，还体验了音乐剧和歌剧，可谓切身体验了欧洲文明的精髓。然而冈仓天心并未一味地沉湎其中，正如其归国后的演讲报告所提示的那样："美术应不论东西之别，取其有理之处，研究其美之所在。"可见，冈仓天心对于西洋美术的态度不同于同时期的西化思潮，而是采取以东洋美术为主，兼而吸取西洋美术之精华的态度。正如其在《美术史》课程之中一再强调的，"要在守护传统的同时进步，研究以往的历史争取有所进步。可以适当参考西洋画，但是，要以自我为主，彼为客体，争取进步"。③ 一言以蔽之，冈仓天心在坚持复兴传统美术的同时，并未简单地反对和排斥西洋美术，而是采取东洋为主、西

---

① 岡倉古志朗. 祖父岡倉天心 [M]. 東京：中央公論美術出版，1999：184，188.
② 岡倉天心. 岡倉天心全集第2卷 [M]. 東京：平凡社，1980：8.
③ 潘力. 和风艺志趣——从明治维新到21世纪的日本美术 [M]. 北京：人民美术出版社，2011：45.

洋为辅的主次模式。

2.2 冈仓天心的美国体验——以"波士顿美术馆期间"为中心

2.2.1 波士顿美术馆之行的动机

1889年2月1日，东京美术学校成立。同年5月6日，冈仓天心被任命为帝国博物馆领事兼帝国博物馆美术部部长。次年6月27日，冈仓天心被任命为东京美术学校校长。

东京美术学校在建校之初就设立了绘画、雕刻、工艺美术三科，具体授课内容为日本画、木雕和金属雕刻。尽管在授课形式上，冈仓天心主张毛笔画、排斥铅笔画，但在其"美术史"课程的授课讲义《日本美术史》中却仍然强调"要在守护传统的同时进步，研究以往的历史争取有所进步。可以适当参考西洋画，但是，要以自我为主，彼为客体，争取进步"。不难看出，冈仓天心在积极推动传统美术复兴的同时，仍然主张吸取西洋美术中的进步元素。这也正好映射了冈仓天心在1887年在鉴画会上演讲的中心思想：美术不应讨论东西的区别，而是基于美术之大道，取其有理之处，研究其美之所在。

在东京美术学校期间，冈仓天心同时也因其特立独行的性格而备受关注。与明治政府推行立领西装的学生校服不同，东京美术学校师生的校服却是复古式样：以平安时代的朝廷服饰为模板。而这一独特的校服也时常引来路人异样的目光。冈仓天心自身亦是头戴深色帽子，身着奈良服装，骑着爱马若草入校。[①] 由此亦不难看出冈仓天心性格中所含有的艺术家自由不羁的特点。

但是，冈仓天心的自由不羁的性格亦导致了自身的被迫辞职。冈仓天心于3月26日被迫主动辞去校长一职，桥本雅芳、横山大观等17名东京美术学校教员亦自动请辞。[②]

---

① 斎藤隆三. 日本美術院史 [M]. 東京：中央公論美術出版, 1968：20.
② 斉藤隆三. 岡倉天心 [M]. 東京：吉川弘文堂, 1969：89.

被迫辞职后的冈仓天心，虽然也曾一度消沉，但在桥本雅芳、横山大观等追随者的协助下，最终走出阴霾，并于同年，即 1898 年 10 月 15 日，于谷中初音町举办日本美术院的开院仪式。日本美术院的筹备资金，主要来自美国毕盖洛的资助与桥本雅芳的作品出售。[①] 冈仓天心创立日本美术院的两大宗旨，即为"维持和开发东洋美术"，即维持重视东洋美术的传统，并在传统基础上发挥个性。[②] 但是，之后由于资金问题，日本美术院陷入经营困境。为此，冈仓天心决定于 1904 年带领弟子横山大观、菱田春草、六角紫水前往美国筹措资金，从而开启其后半生的波士顿美术馆生涯。

2.2.2 启航波士顿及波士顿见闻

1904 年 2 月 10 日，冈仓天心启程赴美。这一时期，正值日俄战争爆发，出港之前还传来日本海军大胜俄罗斯海军的捷报。时任枢密院议长伊藤博文的女婿末松谦澄男爵与之一道赴美。伊藤博文为女婿饯行，在甲板上对同船约 130 名乘客发表演讲，指出"虽然今早取得了胜利，但是航程也有可能成为最后的美国之行，因为在途中可能会被俄罗斯的军舰击沉。但是留在祖国的我们也是同样的命运，让我们共同应对苦难吧！"[③]

在出港之后的第十天，也就是 1904 年 2 月 20 日，传来了仁川海滩战役的捷报，船员们欢喜万分，并举办庆祝会，冈仓天心亦随即发表演讲，并咏诗一首：

> 我们如今有可能一跃成为世界一等国。我们要培养保持国家现状的决心，一定要时刻保持大国民的姿态。[④]

> 万里云涛望欲迷，何来杀气海禽啼。船楼一夜梦着剑，太白星高辚鞯西。[⑤]

在此，冈仓天心提示了战争的最大目标，即成为"世界一等国"，成为

---

① 斋藤隆三. 日本美術院史 [M]. 東京：中央公論美術出版，1968：30-38.
② 斋藤隆三. 日本美術院史 [M]. 東京：中央公論美術出版，1968：73.
③ ワタリウム美術館. 岡倉天心 日本文化と世界戦略 [M]. 東京：平凡社，2005：185.
④ 岡倉登志・岡本佳子・宮瀧交二. 岡倉天心思想と行動 [M]. 東京：吉川弘文館，2013：164.
⑤ 斋藤隆三. 岡倉天心 [M]. 東京：吉川弘文堂，1969：151.

世界"大国"。日本在经历甲午战争之后，一跃成为亚洲强国；在经历日俄战争的胜利之后，又一跃成为世界一等国。对此，冈仓天心亦萌发出强烈的民族自豪感。

历史回溯到1886年的第一次欧洲美术考察之旅。冈仓天心曾在参观法国克吕尼的教堂之际，面对着塔上留下的枪孔，有感而发，"战争何时会停止，人类是可怜的存在"。但是，如今面对日俄战争的捷报，冈仓天心却表现出一种强烈的战争颂扬态度，且提醒日本人要时刻保持一种"大国民"的姿态。由此可见，在经历一系列的战争胜利之后，以冈仓天心为代表的一批日本知识分子对待战争的态度也正在悄然地发生着变化。

事实上，冈仓天心此次美国之行的目的：一是筹备资金；二是宣扬日本的和平精神，以改变西方眼中日本好战国的形象。后者在冈仓天心其后出版的《茶之书》中可见一斑。

1904年2月22日日，冈仓天心一行抵达美国西雅图，然后直接乘火车，并于3月2日抵达纽约。冈仓天心一行身着和服，大步走在街上，几个美国青年走过来问道："你们是中国人还是日本人？"冈仓天心平静地反问道："你们是美国人、猴子还是驴？"而后继续大步朝前。[①] 冈仓天心一行身着和服，走在纽约大街之上，毫无疑问乃是基于日本民族的自我宣扬，希望日本民族可以得到国际的认可。

这一波士顿的邂逅事件，亦可窥见冈仓天心思想中民族主义的端倪。如果说冈仓天心的美国之行旨在言说日本，宣扬日本的文明精神与和平观念，那么，通过这次邂逅事件，我们亦可认识到冈仓天心流露出来的一种作为日本人、作为胜利的日本人的自负。

2.2.2.1 入职波士顿美术馆

1904年3月8日，毕盖洛给波士顿美术馆中国·日本部部长查路飞寄去一封介绍信，向美术馆推荐冈仓天心。接下来的16日，毕盖洛再次给理事兼评议员顾礼基寄去介绍信。由于毕盖洛本人是波士顿美术馆的理事，因此，冈仓天心凭借介绍函得以入职波士顿美术馆。根据日记记载，3月25日，冈

---

① 斉藤隆三. 岡倉天心 [M]. 東京：吉川弘文堂，1969：152.

仓天心即开始着手制作美术馆日本绘画目录，并于12月下旬完成3642幅绘画目录的整理。其间冈仓天心不仅自己获得了波士顿美术馆的职位，同时亦推荐六角紫水担任漆工艺品的整理和修复工作。

在波士顿美术馆时代，冈仓天心主要负责中国·日本部的藏品整理和收购工作。在此之前，此工作主要是由费诺罗莎负责。但是，由于费诺罗莎的辞职，收藏品整理工作被闲置下来。① 而冈仓天心精通英语，且是研究东洋美术之人，恰好弥补了这一空缺。就这样，冈仓开启了其后半生往返于美国和日本的生活，一直到其逝世的1913年。

2.2.2.2 波士顿日本绘画展

审视这一时期冈仓天心的事业，其重心在于为波士顿美术馆中国·日本部整理并收购美术藏品。除此之外，冈仓天心亦举办画展，在宣扬东洋美术的同时，亦为日本美术院的经营提供资金。1904年4月29日，横山大观、菱田春草在波士顿西43街的"世纪俱乐部"画廊举办绢布绘画展。《纽约时报》为此刊发了题为"日本绘画的复兴者——东京日本美术院的绢布绘画"②的新闻报道。

该报道一开始就提到，画家横山大观、菱田春草是冈仓天心领导的日本美术运动的成员，是日本美术院的教员。冈仓天心是为调查欧美美术而由日本派遣而来的美术委员会的成员之一，这一委员会提出的报告书比较新颖。据说在日本，美术学院不是追随西方，而是追随古老中国和日本。换言之，冈仓天心所选择的路，并不是西方化的道路，而是日本传统的自我再生。

其次，该报道专门介绍了冈仓天心，指出冈仓天心之前担任东京美术学校的校长，之后新设立日本美术院，创作著作《东洋的理想》，并开始实践这一理想：传统日本美术的复兴。不仅如此，该报道还指出，这样的理想与西方美术学者威廉·莫里斯所倡导的复兴运动存在共通之处。换言之，冈仓天心的美术运动不仅是自我的觉醒，同时亦与西方的文艺思潮有共通之处。

再次，该报道指出这次画展规模虽小但却异常精彩，且专门提到日本画

---

① 木下長宏. 岡倉天心 物二観ズレバ竟二吾無シ [M]. 京都：ミネルヴァ書房，2005：259，260.
② ワタリウム美術館. 岡倉天心 日本文化と世界戦略 [M]. 東京：平凡社，2005：190.

家的创作手法。"他们把着色后的丝绸延展后放在方形木板上，用金纸镶边，放在白色的木质画框之内（而非用于挂件的装饰）。但是这样的方式实在难以带来良好的效果：首先粗糙的画框让人感到不悦，其次在纹理细致的丝绸上描绘纤细的作品，亦显示出色调的不和。象牙、黑檀、金银才和美丽的画卷、纤细高洁的色调、源于自然的诗情相得益彰。"不仅如此，该报道亦评价指出："与尽是为满足人们的欧洲趣味的日本近代绘画不同，这应该是传统精神复兴者的作品首次被介绍到西洋。"

最后，该报道亦着重介绍日本美术院，提到："日本美术院创建于1897年，两位画家皆是助理教授。该大学拥有100名在籍学生，学费全免，每年在东京举办两次画展。"也就是间接地为日本美术院进行宣传。不仅如此，该报道还提到了"小泉八云①颇具趣味的随笔之中所描绘的日本风景和生活"。换言之，该报道亦旨在以小泉八云所介绍的"异国情调"这一范畴来指引日本，介绍日本。

2.2.2.3 波士顿美术馆的收藏品整理

冈仓天心的主导工作之一，是为波士顿美术馆东方部编辑收藏目录。作为熟谙东方美术的杰出人物，冈仓天心可谓是最合适的人选之一。但是，1904年4月11日与波士顿美术馆管理者罗宾森会面之际，冈仓天心被明确要求不只是制作"收藏品的记录"，还被建议"制作摘要：提示比较重要的作品，并指出该作品在日本绘画史上的地位"。不仅如此，冈仓天心亦被要求严格调查收藏品的可信度，如果收藏品受到损害的话，就必须直接报告。②由此可知，这一时期冈仓天心在制作馆藏品目录之际的核心工作，一是鉴别收藏品的重要度，二是确认收藏品在日本绘画史上的地位。

那么，冈仓天心自身是如何看待与认识这一工作的？就此，亦可通过冈仓天心的自我表述来加以理解。事实上，冈仓天心并不只是埋头编辑目录，

---

① 小泉八云（1850—1904年），原名拉夫卡迪奥·赫恩，爱尔兰裔日本作家，乃是近代史上第一个介绍日本文化的西方人，亦是第一个高度评价日本文化的西方人，其描述的日本风景、日本人的生活带有了独特的"日本趣味"。

② 清水恵美子. 岡倉天心の比較文化史の研究—ボストンでの活動と藝術思想［M］. 京都：思文閣，2012：156.

调查收藏品的资料,同时也热心于宣传活动和演讲活动。在此,我们可以列举出冈仓天心在波士顿为美国民众所进行的一次演讲。

冈仓天心首先指出,"艺术的精神是普遍的,它表现了不同民族形态各异的理想与生活哲学,它必然是多样的"。也就是首先确立了艺术无国界、艺术多样化的精神。接下来,冈仓天心回归到日本、中国,也就是东洋艺术的立场,指出"日本或中国的美术也与欧洲一样,都有必要从艺术的内部来理解",因此,冈仓天心希望打消市民的"把作品本身当成是稀奇的、带着梦幻色彩的事物"的思想,并提示自身演讲的真实目的就在于"为市民提供更好的机会接近真正意义上的亚洲艺术"。不仅如此,冈仓天心还将自身从事的工作,也就是发行美术馆藏品目录、就藏品进行演讲等活动视为宣传日本、宣传东洋的重要手段,并将之视为"为一般的美术爱好者或研究者们更加深入地了解东洋美术的理念提供充分的便利条件"。①

回到整理收藏品的工作,冈仓天心整个工作历时约 12 个月。在这期间,冈仓不仅纠正不少工艺品的制作年代、改正大部分陶器收藏品的目录,还提出将陶瓷放置于产业博物馆的建议。② 最后,冈仓天心累计完成 3642 件绘画品的目录制作,甄别大量的素描和劣质临摹品,改正编号重叠的问题,合计整理了真品 2889 件,赝品 476 件、仿制品 277 件。③ 其中,真品之中,被标志为重要级别的绘画只有 200 件,而雕刻作品、中国美术品极为少见。或许也正是由于中国美术品的缺失,为冈仓天心之后的中国美术品收购之旅提供了重要的契机。至此,冈仓天心的整理工作告一段落,波士顿美术馆就此成为世界上最大的绘画收藏馆。

1905 年 11 月 2 日,波士顿美术馆理事会投票决定,任命冈仓天心为中国·日本部部长。但是,考虑到日本事宜,冈仓天心拒绝了该职位,于是在接下来的理事会选举之中,冈仓天心被任命为该部门的顾问,④ 于 1906 年 1

---

① 塩出浩之. 岡倉天心と大川周明「アジア」を考えた知識人たち [M]. 東京:山川出版社,2011:181.
② 岡倉天心. 岡倉天心全集第 5 卷 [M]. 東京:平凡社,1979:162.
③ 岡倉天心. 岡倉天心全集第 2 卷 [M]. 東京:平凡社,1980:521.
④ 岡倉天心. 岡倉天心全集第 2 卷 [M]. 東京:平凡社,1980:524.

月12日被理事会重新任命为中国·日本部部长，并于1910年10月20日正式接受该任命。① 就这样，冈仓天心通过自身的努力，从而得到波士顿美术馆乃至整个美国艺术界的认同。

2.2.2.4　波士顿美术馆新馆展览顺序

1909年，波士顿美术馆自波士顿市中心的科普利广场搬迁至城市西郊的亨廷顿大街。同年11月15日，新馆开馆。在这一期间，冈仓天心负责中国·日本部美术馆的设计。冈仓天心的美术馆设计以"国家的美术是其文明与理想的映射"这一理念为基础，尝试在空间上营造作品原来的背景和氛围。因此，该设计之中大量地使用了屏风、隔扇、壁橱、天然木、墙灰，以及柔和光彩，以突出"日本人的优雅感性，尤其是足利时代流行的禅风"。不仅如此，冈仓天心设计的佛像展示室，完全模仿日本奈良时代的寺庙建筑样式，配备了圆柱、桁架，采取流程式的方式，以便于参观者能够直观地把握日本美术的发展。尤其值得一提的是，该美术馆陈列的美术品，以中国美术为开端，逐渐向日本美术展开，提示出日本美术的历史渊源。②

由此，我们不难看出，首先，冈仓天心的艺术思想在于采取流程式的方式来整理整个东洋的美术发展，展示自中国至日本的美术的发展，在反映出整个历史演绎的同时，亦彰显出日本作为东洋美术集大成者的时代地位；其次，冈仓天心的美术馆的设计，无不透露出作为东洋美学的独特匠心，作为东洋理想的独特构想，尤其是充分地利用自然风物来反映出日本文化的禅风性格，使其具有文化的特质性。最后，就这一设计理念而言，我们或许也不得不遗憾地指出，该设计深刻地反映出冈仓天心自身的文明观念，即中国文明、中国艺术只存在于冈仓天心构筑起来的亚洲文明的历史之中，但是却不显现于当下，唯有日本才是当下亚洲文明的代表，日本才是亚洲文明的博物馆。

---

① 清水惠美子. 岡倉天心の比較文化史的研究——ボストンでの活動と藝術思想[M]. 東京：思文閣，2012：166.
② 清水惠美子. 岡倉天心の比較文化史的研究——ボストンでの活動と藝術思想[M]. 東京：思文閣，2012：174.

2.2.3 世界博览会上的演讲——《美术的近代问题》

1904年，圣路易斯世界博览会的世界学术会，可谓是20世纪初最为著名的学术会议之一。作为这样一个世界级的学术会议的发言者，冈仓天心的演讲受到了极大的欢迎，不仅听众云集，而且其演讲还随即被加以出版，并被翻译成法语、德语，刊登在当地外语专刊之上。① 当时，冈仓天心经拉法基等人的大力推荐，替代临时无法出席的法国赛佛尔博物馆馆长，在万国博览会上做了题为"美术的近代问题"② 的演讲。

演讲一开始，冈仓天心首先就提出"何谓真正的艺术？"这个问题冈仓天心提到中国画家谢赫提出的"气韵生动"，指出"艺术的鉴赏，通常也是心灵的相通"。从而站在一个普遍的立场，提示"不论是东洋还是西洋，在万人敬仰的伟大的画家中，没有谁不是超越时间和民族的差异向我们直接诉说"。在冈仓天心的笔下，不管是重视儒教精神风土之中的余白的人，还是继承以意大利茶褐色为主调的传统的人，还是以法国的蓝色为主色的人……他们的背后都"隐藏着讲述自身故事的强烈的精神"。在此，冈仓天心将艺术的精神视为超越时间、超越民族的普遍存在，将之把握为一种为了"自我"，讲述"自身故事"的炙热的精神。

其次，冈仓天心提到"近代化"的问题，指出"所谓近代化，即是世界的西化"，突出西方化所带来的世界性影响。不仅如此，这一影响亦深刻地影响到了绘画。冈仓天心指出，"社会上对于绘画，就像对待其他一切人生问题一样，分为两个阵营——即所谓的进步派和保守派。前者坚信全面接受西洋文化更好，后者认为应该先判断再接受"。③ 在这一问题的背后，事实上并不是绘画本身的进步或者保守，而是来自于是否接受或者反对西洋文化的立场。换言之，所谓进步或者保守的衡量尺度，实质上不在于绘画本身，而在于西洋文化，也就是西方的现代性（modernity）问题。不过在此，冈仓天心也并不是一个民族主义者，他采取自我辩护的口吻，提到："我并不是说

---

① 清見陸郎. 天心岡倉覚三 [M]. 東京：中央公論美術出版，1980：235.
② 岡倉天心. 岡倉天心全集第2卷 [M]. 東京：平凡社，1980：64，65.
③ 岡倉天心. 岡倉天心全集第2卷 [M]. 東京：平凡社，1980：81.

第二章 作为世界旅行者的冈仓天心

日本凡事都不能学习西方，因为也可以由此获得固有的表现方法；也不是说西方文明不能同化沉淀而来的思想财富。而且，为了日本绘画的精神准备，有必要强化对世界理想的吸收。"[1] 也就是说，"世界理想"乃是作为一个终极的目标为冈仓天心所接受。就此而言，冈仓天心亦可谓是一个世界主义者。

最后，冈仓天心将重心转移到东方，目睹东方之现状，"中国由于战争，美术破坏殆尽"[2]，"近代日本的社会状况，亦给艺术提出重大的问题"。[3]这一问题，就是连续不断的战争、国民生活的西化，而这样的问题导致现在的日本绘画正遭受着全面的破坏，故而令人深感危险，忍不住悲伤。那么，解决的途径，或者说根本的方法究竟何在？对此，冈仓天心提示："我们最大的希望即在于艺术自身的生命力：在过去无论遇到何种对抗势力，艺术仍然繁荣至今。近代社会在面对巨大的挫折时，冷静的自豪感会给予我们力量。如今我们自觉地认识到我们（日本）是亚洲艺术遗产的唯一的守护者。战争必须坚持到最后。"[4] 换言之，日本未来的使命就是守护亚洲的艺术遗产，且唯有日本才能承担起这一使命。

审视冈仓天心的波士顿时代，正如这一篇演讲所示，他自一名和平主义者、美术至上主义者，转变为一个带有一定的民族情感的世界主义者，同时也转变为一个宣扬日本的合理与正义、突出日本人的传统精神的"潜在"的民族主义者，或者说是一名日本主义者。在这一过程之中，战争胜利的消息、波士顿的见闻、与美国人的邂逅、美术馆的收藏品整理、艺术活动的演讲等一系列活动，皆是处在了一个共同的语境之下，即面对"他者"来讲述自身的故事，讲述日本人的故事，讲述日本的故事，因此，在这样的自我与他者的文化冲突之中，冈仓天心的自我身份（identity）被不断确证，这或许也是冈仓天心波士顿时代的一个巨大特征吧！

自1904年起航波士顿，至其离世的1913年，波士顿可谓是冈仓天心后半生活动的一个主要据点。1913年9月2日，冈仓天心由于肾炎发作，在日

---

[1] 清見陸郎．天心岡倉覺三［M］．東京：中央公論美術出版，1980：237.
[2] 岡倉天心．岡倉天心全集第2卷［M］．東京：平凡社，1980：72.
[3] 岡倉天心．岡倉天心全集第2卷［M］．東京：平凡社，1980：78.
[4] 岡倉天心．岡倉天心全集第2卷［M］．東京：平凡社，1980：84，85.

047

本离世，随后的9月5日《波士顿环球日报》即刊发了讣告，讣告中对冈仓天心描述如下：

> 波士顿美术馆东洋部部长冈仓觉三，于9月4日于日本东京离世，享年51岁。① 冈仓长期生活于海外，且留下多部作品。获哈佛大学文学修士称号。冈仓觉三教授在波士顿广为人知，常年在波士顿美术馆从事日本美术的收藏研究和目录制作。有关日本艺术的著作颇多，1911年被哈佛大学授予名誉文学修士的称号。②

10月2日，加德纳夫人亦举办冈仓天心追悼会，而波士顿美术馆亦向社会发表了悼词。一言以蔽之，在波士顿期间，冈仓天心不仅积极投身于东洋美术部的藏品收购和整理，还以创办画展、举行演讲、英文著书等形式积极宣传亚洲美术和日本美术，为东洋和西洋的相互理解架起了一座文化桥梁。然而，正如冈仓天心在世界博览会的演讲中所指出的那样："中国由于战争，美术破坏殆尽……如今我们自觉意识到我们是亚洲艺术遗产的唯一守护者。"我们必须认识到，在西洋冈仓天心固然积极言说了亚洲，但是在进行中国言说时采取的却是一分为二的做法：肯定古代中国，否定现代中国，因此我们必须警惕其亚洲言说的根本目的乃是树立能与西洋比肩的亚洲文明更凸显作为现今亚洲代表的日本。

2.3　冈仓天心的印度体验——以第一次印度之行为中心

印度一直是冈仓天心向往的国度，亦是冈仓天心心中的理想国度。冈仓天心一生之中，共经历两次印度之行。第一次是1901年12月至1902年10月，历时接近一年；第二次则是1912年9月至10月，只有短暂的一个多月。第一次印度之行的目的，是为确认日本美术史的源流，筹办东洋宗教会议。

---

① 该报道中的冈仓天心的离世日期和离世地点有误。根据平凡社《冈仓天心全集》记载，冈仓天心于9月2号在新潟县的赤仓离世。
② 清水惠美子. 岡倉天心の比較文化史的研究—ボストンでの活動と藝術思想 [M]. 東京：思文閣，2012：426.

在此期间，冈仓天心结识了印度宗教家迦南达、诗人泰戈尔，同时还与印度谋求独立的热血青年进行过交流。而在此次印度行之前，冈仓天心就开始构思《东洋的理想》一书，并在旅印期间得以完成。不仅如此，冈仓天心亦在旅印期间完成其有生之年未予以公开发表的著作《东洋的觉醒》，可谓收获丰富、体验繁多。而第二次印度之行，则主要是为了探望印度女诗人，属于私人交往目的。

2.3.1 印度之行的动机

2.3.1.1 日本美术院的困境

1898年3月29日，冈仓天心被免去东京美术学校校长一职。同年10月15日，冈仓天心于谷中初音町举办日本美术院的开院仪式。承前所述，日本美术院的筹备资金主要来自美国毕盖洛的资助、桥本雅芳的作品售卖，[①] 其创立之初的两大宗旨，即为"维持和开发东洋美术"，也就是重视传统，以及重视传统基础上的个性发挥。[②]

日本美术院在举行开院仪式之际，亦在美术院院内举办了日本绘画协会第五次暨日本美术院第一次联合绘画共进会。该次画展由桥本雅芳、松本枫湖担任审查员，共展出画作200幅，先后被《朝日新闻》《读卖新闻》等报纸刊文报道。《朝日新闻》则分别于10月22日和10月24日连载两次。《读卖新闻》则于10月26日至11月17日连载了13次。由此可见，本次画展取得了巨大成功。《朝日新闻》指出："（共进会）和展览会（日本美术协会）相比，前者进步，后者保守；前者富于变化，后者千篇一律；前者霸气，后者隐居；前者被浮华之士所爱，后者被一般人所爱。简言之，共进会比展览会更具活气、更具前途。"[③] 其中，整个画展之中，横山大观的作品——《屈原》备受关注，该作品长五尺、宽十尺，描绘的是荒凉原野之中的屈原，面色憔悴、潇洒而立，乍一看，让人联想到纷扰于美术学校事件之中的老师——冈

---

① 斋藤隆三. 日本美術院史［M］. 東京：中央公論美術出版，1968：30-38.
② 斋藤隆三. 日本美術院史［M］. 東京：中央公論美術出版，1968：73.
③ 日本美術院. 日本美術院百年史・二卷上［M］. 東京：日本美術院，1890：486.

仓天心。该画作大胆且创新，流露出旧式日本画之中不曾见的人情味，具有极为震撼人心的力量。①

在这样的背景之下，日本美术院于每年的春、秋两季举办共进会画展，共举办十届，直至明治三十六年（1903年），即日本绘画协会第15次共进会暨日本美术院第10次展览会。不过，日本美术院的发展也并非一帆风顺，并一度陷入经营困境之中。究其原因，一是源于日本美术院自身的理念，二是源自西洋画派的冲击。

首先，正如冈仓天心所指出的，"当今的美术批评家，不应像以往的批评家那样只着眼于线条和颜色等material之上，而应着眼于作品的idea"。②因此，在日本美术院接下来的创作之中，横山大观和菱田春草等人脱离以线条和颜色为主的旧式日本画的创作方法，转而将线条和颜色从属于对象，着力于表现对象所拥有的现实感，并就此进行大胆的创新。但是，这样的创新性作品一度被外界称为"朦胧派"，更被贬斥为"奇怪之画"，以至于美术院所有的作品皆被世人认为是画坛改革的急先锋。不仅如此，这一时期的新闻杂志评论也是基本上采取玩笑式的嘲讽或严肃责骂。即便是守旧派和保守派，也认为这样的美术运动从根本上破坏了传统的、历史的日本画。因此，这一时期的日本美术院的作品受到世人的严厉批评，顾客逐渐减少乃至消失，美术院也因此陷入极度的经济困境之中。③

其次，则是20世纪30年代初的日本画坛的变化。这一时期，以黑田清辉为首的西洋画派——白马会开始兴起，法国的外光派亦成功地移植到日本。1996年，白马会第二次展览会展出黑田清辉的代表作《湖畔》《秋草》，明治美术会亦在白马会的影响下开始崭新的外光研究。换言之，来自外部的冲击亦极大地颠覆了日本美术院的地位，同时也冲击着日本美术院主张的"维持和开发东洋美术"的发展理念。

依照盐田里力藏所提示，冈仓天心在赴印度之前，曾提到"放弃美术学院的所有权利，任其生灭"。不仅如此，冈仓天心过去也曾因为自身与九鬼

---

① 宫川寅雄. 岡倉天心［M］. 東京：東京大学出版会，1956：162.
② 宫川寅雄. 岡倉天心［M］. 東京：東京大学出版会，1956：165.
③ 斋藤隆三. 日本美術院史［M］. 中央公論美術出版，1968：92，93.

隆一夫人的事件而逃至东北方。① 由此亦可见，冈仓天心性格之中存在着放荡不羁、缺乏责任感的一面。恰在此时，英国女士麦克莱多正准备途经印度返回英国，冈仓天心遂决定逃离困境，与其一道前往印度。麦克莱多女士系印度高僧迦南达的弟子，热衷于日本美术。冈仓天心每周一次在自家为其讲授日本美术史，② 故而得以结识相知。经过斡旋，内务省以"遗迹保存法调查"之名为冈仓天心提供此次印度之行的经费，③ 真言宗室生寺住持丸山贯长的弟子、佛教僧人倔至德亦一同赴印。④

2.3.1.2　迦南达与宗教改革会议

迦南达（1863—1902年），生于印度，毕业于加尔各答大学。作为1893年9月11日在芝加哥举行的第一次世界宗教会议的发言者之一，迦南达指出："犹如源头各异的水流终将汇入大海，神啊，人们的道路看似不同，或曲折、或笔直，但都是通向您的。"在此，迦南达既不劝说基督徒改变为印度教徒或佛教徒，亦不劝说印度教徒或佛教徒转变成基督徒。而是主张每一个人在同化他人灵魂的同时，也需要遵守他人的成长规律。迦南达的发言令观众大为惊叹且一举成名，拥有了不少英美弟子。⑤

依据《迦南达全集》第八卷（书信）的记载，冈仓天心在赴印度之前就事先与迦南达取得联系。1901年6月14日，迦南达在致麦克莱多的回信之中写道，"收到冈仓寄来的300卢比的邮票以及邀请函"。6月18日，迦南达给麦克莱多的信件之中亦写道，"日本往返需要两个月，如是短暂停留则什么也做不了。再者身体状况不佳，现在又出现法律的问题，可能无法按预定的时间抵达"。但是在7月5日致友人的信件之中，迦南达又写道，"已经回绝日本之行"，而之所以回绝，则是基于自身罹患重病、曾经到过日本一类的理由。⑥

---

① 日本美術院．日本美術院百年史・二卷下［M］．東京：日本美術院，1890：608.
② 岡倉一雄．父岡倉天心［M］．東京：聖文閣，1940：206.
③ 齐藤隆三．岡倉天心［M］．東京：吉川弘文堂，1969：130.
④ 堀岡弥寿子．岡倉天心—アジア文化宣揚の先駆者［M］．東京：吉川弘文堂，1974：161.
⑤ 堀岡弥寿子．岡倉天心—アジア文化宣揚の先駆者［M］．東京：吉川弘文堂，1974：149.
⑥ 堀岡弥寿子．岡倉天心—アジア文化宣揚の先駆者［M］．東京：吉川弘文堂，1974：140，150.

至此，日本学者崛冈弥寿子认为，虽然不知道邀请函的内容究竟如何，但是可以确信冈仓天心从麦克莱多处获知了迦南达的情况；不仅如此，冈仓天心还希望邀请迦南达到日本，举行东洋版的芝加哥宗教大会。

概言之，冈仓天心之所以远赴印度，一是缘于日本美术院的经营困境，二是源于自身放荡不羁的性格，三则是希望在日本举办东洋版的芝加哥宗教大会。

2.3.2 冈仓天心的印度活动

2.3.2.1 冈仓天心与迦南达的佛教巡礼

1901年11月21日，冈仓天心和僧人偈至德从长崎出发，经由香港、新加坡、科伦坡，并于同年12月底抵达马德拉斯。之后，冈仓天心会见迦南达，[①] 讨论大乘先于小乘、佛教与印度教的异同等一系列问题，并被迦南达的见解所折服。

由冈仓天心致织田得能的信函，我们可以略见一斑："……在当地会见了迦南达。老师的气魄学识超然拔群，为印度各处所仰慕。老师认为大乘先于小乘，当下印度教传承自佛教，释尊是印度前所未有的教主。老师擅长英语、法语，通泰西最新的学术理论，融合东西，宣扬不二法门，犹如辩才，实为难得的人物。若是可能的话，希望回国时可以一同返回……"[②]

接下来，在迦南达的介绍下，冈仓天心开始了系列的印度古迹考察。1902年1月27日，冈仓天心和迦南达出发访问释尊成道之地佛陀伽耶。冈仓天心本以为来自世界各地的信徒抵达释尊成道的圣地皆会大为感动，因为他们是在为了共同的理想、平和善意而奉献。但是抵达实地之后，荒废的寺院、恶劣的环境都让冈仓天心深受打击。[③]

接下来的2月，冈仓天心寻访了印度教的圣地瓦拉纳西以及初转法轮地等佛教遗迹。其间访问阿旃陀佛教石窟时，确证了日本美术的源流可以追溯

[①] 斉藤隆三. 岡倉天心 [M]. 東京：吉川弘文堂，1969：131.
[②] 岡倉天心. 岡倉天心全集第6卷 [M]. 東京：平凡社，1980：149.
[③] 清水恵美子. 五浦の岡倉天心と日本美術院 [M]. 東京：岩田書院，2013：51.

到印度美术的观点，在归国后的印度美术谈中指出，"阿旃陀石窟保留了六、七世纪的壁画，该壁画和法隆寺金堂壁画的形式是完全一样的"。① 该佛教窟兴建于公元前2世纪至公元7世纪，并以其壁画艺术著称于世。

之后，冈仓天心继续访问由佛教石窟、印度教石窟等各式各样的宗教美术遗迹所构成的埃洛拉石窟寺院群，指出，"埃洛拉石窟的样式与中国的洛阳龙门石窟的佛像、我国的药师寺的三尊佛像是一样的。一定是由于当时印度人大量去中国传教，加之陈那三藏、真谛三藏、玄奘三藏等亦赴印度求法，从而促进了类似的传播"。至此，冈仓天心进一步确证了印度、中国、日本三国之间宗教美术的交流和传播。②

就这样，在将近一年的印度之旅中，冈仓天心虽然确证了印度美术的灿烂历史，以及中、印、日三国之间的美术交流，但是面对现实中衰落的景象，冈仓天心仍不免伤怀："我的眼前宛若浮现出了印度那带着无以言说的悲哀的枯瘦身影。"③ 无以言说、悲哀、枯瘦的身影，留给我们的是一片文明完全消逝、陷入贫困境地的情景，这亦构成冈仓天心最为深刻、最为直接的印度印象。

2.3.2.2 冈仓天心与泰戈尔的友情

罗宾塞拉纳特·泰戈尔（1861—1914年）生于印度加尔各答的名门望族，使用孟加拉语创作了诗、戏曲和小说，并于1913年获得诺贝尔文学奖，是近代印度文化的代表人物。泰戈尔游历各国，致力于印度文化和思想的宣扬，提倡世界和平与国际合作。

泰戈尔在1901年末，以古代森林学校为模板，开设了一间小学校（就是如今的泰戈尔国际大学）。泰戈尔为实现理想的教育，始终在树荫下利用母语孟加拉语来进行教育。泰戈尔的后半生和文学活动的中心在西孟加拉邦，从这里，泰戈尔走向世界，再带着外部的成果，回到西孟加拉邦。泰戈尔热爱这片土地，直至生命的终结。④

正如泰戈尔将自己后半生的生活和精神寄托在西孟加拉邦一样，经历世

---

① 冈仓天心. 冈仓天心全集第3卷 [M]. 东京：平凡社，1979：262，264.
② 清水惠美子. 五浦の冈仓天心と日本美术院 [M]. 东京：岩田书院，2013：51-58.
③ 冈仓天心. 中国的美术及其他 [M]. 蔡春华译. 北京：中华书局，2009：55.
④ 清水惠美子. 五浦の冈仓天心と日本美术院 [M]. 东京：岩田书院，2013：58-62.

界之旅的冈仓天心，亦将日本美术院的活动据点放在五浦，从那儿走向波士顿，一直到因病疗养而搬至赤仓。或许正是远离喧嚣的都市、嘈杂的人群，二者才得以在精神上存留一片净土。

冈仓天心和泰戈尔可谓是建立了一生的友情。冈仓天心不仅与团结在泰戈尔周边的艺术家有着深刻的交流，而且有感于印度青年谋求自英国殖民主义者独立的民族主义。此点在其旅印期间创作的《东洋的觉醒》一书中可见一斑。1916年，泰戈尔在初次访日之际，专程至五浦为冈仓天心扫墓，同时亦访问了冈仓天心的遗族。

2.3.3 归国演讲

2.3.3.1 印度旅行谈

1902年11月3日，报纸《日本》刊登了《冈仓觉三氏的印度谈》[①]一文。

该报道首先描述冈仓天心印度之行的交通状况。自1902年10月21日从日本出发，到返回日本，印度之行正好经历一年。"从科伦坡上岸至孟加拉，再乘船返回，基本游历印度全国。"但是，无论是印度的古迹调查，还是探寻喜马拉雅山，不仅路途不便，还易染病。同时还指出，印度看似便利的交通仅限于军备和商业用途。

其次，该报道提示了冈仓天心对印度美术分期的划分标准。一是佛教以前的婆罗门时代，二是佛教时代，新婆罗门时代等，之后就是英国支配的现代，并指出印度的绘画、雕刻、建筑皆极为发达。不过，冈仓天心还指出印度与日本之间的文化交涉是通过中国间接进行的，六朝、唐朝和宋朝这一段时期，大量的中国僧侣去往印度[②]，留下不少碑文。

[①] 岡倉天心．岡倉天心全集第3卷［M］．東京：平凡社，1979：260，261．
[②] 宋朝大量僧侣前往印度这一观点与事实有悖。据季羡林著《佛教与中印文化交流》一书记载，印度佛教从汉代开始传入中国，并在南北朝时期迅速发展，至唐代中印佛教交流可谓达到了高峰期。然而时至宋代，由于印度教的抬头等，中印佛教之间的交流逐渐衰微，仅在宋初（964—1039年）尚有僧侣交往，宝元二年（1039年）可能是最后有中国僧侣赴印度取经的记载。至此，绵延八九百年的西行求法运动宣告结束。

再次，该报道提到印度的宗教——佛教，并指出日本应该去研究一下印度教。同时冈仓天心亦提示："印度非常欢迎日本人，其理由就在于日本人被尊奉为东洋的盟主，而印度自身却被英国所占领。"在此，冈仓天心亦流露出作为亚洲领导者的自豪之感。

最后，该报道提到印度文化的没落。"在印度，佛骨似乎被散在了民间。我曾看见过放置佛骨的器物，外形犹如日本上古的石棺，内部放置了水晶珠宝，装饰着相当大的璎珞，不过这一切皆为英国人所有，佛骨的一部分展示在孟加拉的博物馆。"印度人无法保存自身的国宝，印度文化走向没落，难以自拔。

该篇印度旅行见闻，而后不仅被抄录到《研精画志》（1902年12月5日）第7号，并冠以《印度古代的美术》之题名；还被抄录到《日本美术》（1903年1月24日）第48号。换言之，这篇《印度谈》亦为当时日本人掌握印度信息提供支持。冈仓天心的印度之旅，亦为日本人认识印度生活、印度宗教和印度艺术提供了一种途径。与此同时，冈仓天心亦通过印度之旅，自"理想"到"觉醒"，开始深刻意识到自身作为东洋人的历史使命。

2.3.3.2 印度美术谈

1903年1月2日，《都新闻》的"访问录"专栏刊登了冈仓天心的印度美术谈，题为"印度美术的研究"[①]。该篇文章立足于美术研究与考察，并融合历史性考证与现实性考量。

作为历史性考证，冈仓天心首先提到一批研究印度的英国学者，慨叹在他们之后就没有后继的英国学者，如今英国的印度考古陷入停滞期。与之不同，文学部古物复原领域出现了不少杰出人才。他们致力于佛陀注释、中古演剧、歌谣注释，成果令人耳目一新。冈仓天心提到，"我最有感触的，就是亚洲古代的美术犹如一件织物，日本是以中国为经、印度为纬编织而成的"。日本推古时代的美术与汉魏六朝、古代朝鲜保持同样的性质，可以构筑起真正的、平等的对话。

接下来，冈仓天心将重点转向日本，指出印度佛教第二期——公元4世

---

① 岡倉天心．岡倉天心全集第3卷［M］．東京：平凡社，1979：262，264．

纪到8世纪，印度美术通过中国延伸到日本。印度的阿旃陀壁画和日本法隆寺金堂壁画的绘画技巧基本一致。印度埃洛拉石雕和中国洛阳龙门石窟、日本药师寺三尊佛样式是一致的。在这一时期，印度人大量涌入中国传道，陈那三藏、真谛三藏、玄奘三藏等进入印度求法，故而成就艺术的辉煌。

到了12世纪左右，莫卧儿闯入印度，设置了蒙古朝廷。这一时期最令人惊讶的事，莫过于中国的样式反而被输入到印度。冈仓天心自印度带回不少古画，体现的皆是元末的特色。

作为结论，冈仓天心指出，一直以来，日本人皆是通过外国学者，尤其是英国学者来研究印度，但是，他们的关注点和日本人自身的关注点并不一样。日本人应该关注到印度、中国和日本的美术之间存在的不可分割的关系，即便是各自的风俗、各自的日用品等，亦是保留着不可分割的关系。因此，日本人应该进入到印度去研究佛教美术，而不是通过"他国"来进行研究。

不仅如此，冈仓天心亦关注到佛教的名字在印度绝迹的事实，但是，日本的佛教绘画乃是"以印度风俗为原点，热带的蓝色天空、繁茂的森林、无以名状的花草、野生孔雀起舞的场所、鹦鹉飞翔的地方、罗汉式的人物居住的地方等等皆极为有趣"。① 佛教的真实保存在佛教绘画之中，日本的密教描绘曼陀罗、供奉诸天神，亦保存着佛教的真实的存在。换言之，日本的佛教美术之中，隐藏着印度佛教、印度美术的真实。日本犹如一个博物馆，保存着印度美术、中国美术的精华。

审视冈仓天心的印度之行，他不仅游历了石窟寺庙等佛教圣地，还结识了迦南达、泰戈尔等印度伟人，并被印度有志青年的爱国热情所感染，创作了其生平并未公开发表的英文著作《东洋的觉醒》，并高呼"收复东洋，在于我们的觉醒。能挽救我们的是剑"。②

通过这次印度之行，冈仓天心不仅确证了中、印、日三国之间的美术渊源，还指出"我最有感触的，就是亚洲古代的美术犹如一件织物，日本是以

---

① 岡倉天心.岡倉天心全集第3卷［M］.東京：平凡社，1979：262.
② 1893年的中国之行，冈仓天心亲历了半殖民地统治下的中国，1901年的印度之行冈仓天心又亲历了殖民地统治下的印度。加之对日本沦为殖民地的担忧之情，冈仓天心创作了《东洋的觉醒》一书。号召亚洲人民团结一致，用剑，而非沉思默想来回应西洋的冲击。

中国为经、印度为纬编织而成的"。由此可见通过此次印度之行，冈仓天心进一步确立了日本作为亚洲指导者的地位。

2.4 冈仓天心的中国体验——以第一次中国之行为中心

中国之行，既是冈仓天心的宿命之旅，亦是冈仓天心的启示之旅。之所以提到宿命，是因为冈仓天心具有极为深刻的中国情结，渴望去印证自身的中国想象。之所以提到是启示，是因为中国为冈仓天心提供丰富的素材，无论是美学研究的材料还是文化研究的例证，冈仓天心皆期望在中国之旅中加以确证和扩充。

冈仓天心的中国之行，先后经历四次。第二次至第四次，皆是为波士顿美术馆收购美术藏品。而第一次中国之行，则是受日本政府宫内省的委托，前往中国内地，对中国美术进行实地考察。在此之际，冈仓天心从长崎出发，经过仁川，中国的塘沽、通州、北京、开封、洛阳、西安、成都、上海，最后回到神户，留下大量的照片和演讲稿，为认识与把握冈仓天心的中国形象提供重要依据。不仅如此，冈仓天心在旅途中撰写《清国旅行日志》《清国旅中杂记》《三笑录》等。他在归国后又撰写论文《中国南北的区别》、演讲速记《中国的美术》以及演讲笔记《中国行杂缀》等。

第二次及之后的中国考察，冈仓天心皆是作为波士顿美术馆中国·日本部顾问而走访中国。其中第二次以北京的琉璃厂为中心，经过洛阳、西安，入手大量的挂件、铜镜、铜器等艺术品，然后返回日本；第三次，则是经过伦敦、巴黎、菲律宾、莫斯科，然后再经中国的北京、天津等，从而返回日本。在这次短暂的停留期间，天心访问了北京琉璃厂，在雁丰购买200件中国艺术品。第四次中国之旅，是1912年5月至6月之际的短暂行程。据《九州·中国旅行日志》所记载，此次中国之旅亦是搜集古代美术品。

那么，四次游历中国的冈仓天心究竟留下了什么样的中国认识？事实上，冈仓天心不仅留有大量的艺术品、美术品，还留下了不少文章。在《中国行杂缀》之中，冈仓天心指出，中国的价值在于"地域辽阔，人口众多，忍耐力、购买力强大，以及和日本的关联"①。换言之，冈仓天心对中国的认识不仅涉及中国的风土人物，还涉及中国人的性格、中国的经济、中国与日本之间的关系等一系列问题，可谓是全景式的中国考察。

2.4.1 中国之行的动机

冈仓天心究竟抱着什么样的动机到中国？承前所述，冈仓天心的第一次中国之行是受日本政府派遣，第二次至第四次是为波士顿美术馆收集美术藏品，就此而言，冈仓天心中国之旅的动机应该极为单纯、极为直接。但是，事实是否就是如此？就此而言，笔者认为还需要深入到文本之后加以考虑。

依据冈仓天心的演讲以及日志等材料，可以将其中国考察的动机归结为探索日本美术的源流以及积极从事信息收集工作等。

2.4.1.1 探究日本美术的源流

1890年11月25日，冈仓天心在《国华》第十四号发表论文《中国古代的美术》。这是冈仓天心首次公开发表以中国美术为主要内容的论文。② 文章开篇指出，追溯日本美术的渊源，必须上溯至遥远的汉魏六朝。因此，在这篇文章中，冈仓天心首先概述中国古代至汉魏六朝的古代美术史，进而提到"六朝之时，风起云涌"，出现以顾恺之《画论》、王微《画序》、谢赫《古画品录》、姚最《续画品》为代表的一批美术专论，尤其是谢赫提出的"绘画六法"，"精彩地阐释了古代画论的大要"③，对后世的画论产生深远影响。不仅如此，冈仓天心还提到六朝美术之所以获得一个巨大的发展，乃是由于"佛教制作的繁盛"。冈仓天心提到佛教传入中国的历史，提到佛教绘画在中国的流传，提到不少传世的佛教画作。在这之后，冈仓天心还一一列举六朝的名家，提到不少代表之作。不言而喻，探索日本美术的源流，寻找现存的历史遗迹，应该说是冈仓天心中国之行的根本动机之一。

在论述中国美术的同时，冈仓天心亦开始编辑《日本美术史》。事实上，

---

① 岡倉天心.岡倉天心全集第5卷[M].東京：平凡社，1979：143.
② 岡倉天心.岡倉天心全集第3卷[M].東京：平凡社，1979：470.
③ 冈仓天心.中国的美术及其他[M].蔡春华译.北京：中华书局，2009：210.

《日本美术史》的讲义编撰始于1890年。这一时期，冈仓天心被任命为东京美术学校的校长兼教授，并负责教授普通科二年生的《美术史》、专修科一年生的《美学及美术史》，每周各两小时。1890年，普通科和专修科合并共同授课。1892年，由于制度的修订，他转而负责教授预备课程的《美学及美术史》。迄今为止，未发现冈仓天心亲笔撰写的《日本美术史》讲义笔记，而如今出版的《日本美术史》则是将学生留存的六种笔记整合而成。①

《日本美术史》的讲义撰写亦是冈仓天心中国之旅的一大动机。依照冈仓天心的自我表述，"在讲述东洋美术史时，以我国为主，而中国美术史的沿革仅作为我国美术史的说明是不够的。中国美术史的材料收集极为困难。……日本美术史本应从最初开始论述，自推古天皇起就形成了日本美术史……但却没有形成美术系统。然而所谓的美术，并不是突然产生的，必有其发展的原因。不能否认推古时期的美术得益于厩户皇子的奖励而与佛教一起兴起，但在此之前已具备各要素。钦明时期，佛僧和佛像的传来乃是一个直接原因，自公元起的千年之积累的美术要素在这时得以激活"。②

在此，我们或许可以找到更为显著的动机。也就是说，考察中国、发现中国，乃是为了日本自身的美术史的论述，是为了嫁接中国的历史来建构日本美术的连续性，是为阐明日本原本就具有这样一个传统。所谓自中国传来不过只是"激活"了日本而已，一言以蔽之，冈仓天心中国之行的真正动机，可谓是"为了日本"。

2.4.1.2 信息收集活动

经历了第一次中国之行，回到日本的冈仓天心先后进行了四次演讲,③分别是1894年1月24日，日本青年绘画协会的月研究会兼新年联欢会；2月17日，日本美术协会；2月25日，大日本教育会与东邦协会共同举办的临时恳谈会（《中国的美术》）；5月6日，国家经济协会（《于国家经济协会演讲笔记》）。在此，依据日本学者冈本佳子的研究，冈仓天心的中国之旅，应该

---

① 岡倉天心. 岡倉天心全集第4卷 [M]. 東京：平凡社，1980：524.
② 岡倉天心. 岡倉天心全集第4卷 [M]. 東京：平凡社，1980：89.
③ 村田雄二郎. 冈仓天心的中国南北异同论 [J]. 华东师范大学学报，2015（4）：13.

亦存在着"东邦协会"这一组织的潜在背景。

东邦协会乃是一个缘起于对中国关心和对东洋学奖励的亚洲主义团体。[①]该协会的发起人，是曾在福州从事谍报活动的陆军小泽豁郎（1858—1901年）、在烟台日本领事馆工作的白井新太郎（1862—1932年）、以及在二者归国后加入的福本诚（1857—1921年），三者汇集同仁，于1891年5月成立，并创办杂志《东邦协会报告》。1891年7月，该协会召开第一次总会。1892年，副岛种臣（1828—1905年）担任会长，1893年，近卫笃麿（1863—1904年）担任副会长。[②] 冈仓天心于1895年由临时总会的副岛种臣会长推荐，加入评议员，并于1899年2月6日退任。

那么，这一协会究竟宗旨是什么？在此，我们借助陆羯南协力起草的《东洋协会报告》第一号所刊载的文章《东邦协会设置宗旨》加以考察。根据这篇文章，该协会以"调研东南亚事物"为目的。文中指出，当下西洋各国的殖民地化和贸易扩大到东洋，中日之间不应相互争执，尤其是"以东洋之先进国自居的日本帝国，应了解临近各国的近况，并将实力向外输送，钻研可以与西洋相抗衡的东洋计划。引导未开化地域，扶持不幸国家"等，应该展开"国家之上的任务"。为此，协会的首要立场是了解"东洋各国、西洋各国，了解我日本大帝国的邻国状况，并让国人予以熟知"。

该协会以"地理""商况""兵制""殖民""国交""近世史""统计"为"调研"范围，并以"国际法""欧美各国外交政策和殖民贸易"为补充。不仅如此，该协会还承担资料收集、"派探险员去各地方实地视察"、创立"学馆"、组织"座谈会"、创办"书籍馆或者博物馆"等。事实上，冈仓天心中国之旅的相关演讲亦被《东邦协会报告》刊载。[③] 换言之，冈仓天心的中国之行，亦带有收集信息、积累情报的功能。

[①] 岡本佳子. 中国をめぐる岡倉覚三の洞察と東邦協会——明治二十六年の清末中国旅行について [J]. 日本フェノロサ学会機関誌 (34), 2014 (3): 82.

[②] 岡本佳子. 中国をめぐる岡倉覚三の洞察と東邦協会——明治二十六年の清末中国旅行について [J]. 日本フェノロサ学会機関誌 (34), 2014 (3): 82, 83.

[③] 岡本佳子. 中国をめぐる岡倉覚三の洞察と東邦協会——明治二十六年の清末中国旅行について [J]. 日本フェノロサ学会機関誌 (34), 2014 (3): 83, 84.

2.4.2 中国见闻

抵达中国的冈仓天心究竟留下了什么样的中国见闻？在此，本书结合冈仓天心的随行助手早崎稉吉（1874—1956年）途中参与拍摄活动的记载，可以提示如下。

2.4.2.1 中国之旅的切身体验

冈仓天心一行中国之旅的切身体验究竟如何？首先，依照早崎稉吉的描述，"（旅行之际）行李有两千斤左右。包括照片的干板、少量的衣服、书、寝具、洗脸用具、食物用具等，用马车装运"。① 换言之，冈仓天心的中国之行与其说是利用了现代工具，倒不如说更是犹如古代的旅行者，采取随行随走的方式。而且，依照记载，此次中国之旅得到《栈云峡雨日记》一书的作者、领事馆书记官竹添井井的建议："不可以日本人的身份前往，一定要装扮成中国人。还要学习中国的各种习惯。例如，洗脸时，中国人是用手掬水洗脸，这样的话水就不会流走。诸如此类，有不少和日本不同的习惯，如果不知道的话就会被立刻揭穿。""穿着中国服装，梳着中国辫子，只要不做什么出格的事情就不会被识破。拿着奇怪的烟管，傻子似的表情。"②

冈仓天心的第一次中国之行从北至南，经过13个省份，可谓是对中国内陆的一次探险。"千里又千里，山河起伏间，南船北马"就是其最贴切的写照。不仅如此，依照冈仓天心的表述，"恐怕在中国的旅行，最麻烦最难忍受的是不干净。虽然不能忍受这种不干净的人在中国内地的旅行几乎是困难的，但我相信，假使在这一事情上能忍受，那就应该没有什么可惧怕的了"。③ 具体而言，"所到之处，床上受虫害所苦"。"要对南京虫免疫，身体内就必须流淌大量它的血。最后虽然免疫了，但却试图不停的挠痒，好像希望它痒似的。好像很想念痒痒，即使没有被咬也要挠挠看。……到达北京的

---

① 五浦論叢.座談会記録「岡倉天心先生を語る」[J].茨城大学五浦美術文化研究所紀要（7），2000：19.
② 五浦論叢.座談会記録「岡倉天心先生を語る」[J].茨城大学五浦美術文化研究所紀要（7），2000：11.
③ 冈仓天心.中国的美术及其他[M].蔡春华译.北京：中华书局，2009：231.

时候肿得很厉害。"①

通过这次中国之旅，冈仓天心亦了解到中国文化的南北差异。在冈仓天心的笔下，黄河周边沃野千里，似无穷尽之处。长江周边则危峰层峦，如若不是前方山峰耸峙，后也必有飞泉悬瀑。平原用马车，江泽乘舟船。一者刚健，必出坚忍之士；一者潇洒，必出高尚之士。② 而且，南北气候、生活的差异，也导致了南北人种、语言的不同。"大概河边人鼻梁高、颧骨高、眼角上挑；江边人脸部较平，眼睛纤长。数千年来同为一国之国民却有如此巨大的差异……气质与习惯的差异尤甚。"③ 此后，冈仓天心亦提到中国的"北人南相，南人北相"一说，即融合了北方人的朴实粗野和南方人的和蔼可亲，并指出虽然这一说法可能出自北方人之口，但毕竟河边人质朴而冷淡、江边人奢华而开朗，这似乎是无法掩饰的。就语言而言，如果进行大致的划分，中国的语言也可以大致分为南语和北语，即分属于江边语言和河边语言。④ 就这样，通过实证性的考察，冈仓天心切身体验到中国的风土、气候、人种、语言的内在差异性。

2.4.2.2 中国之旅的美术考察

依照早崎梗吉的回忆录，古物探寻乃是冈仓天心中国之行的重要目的之一。冈仓天心一行的中国古迹寻访，主要是赴三类地方进行古代美术品调查：第一，收藏家的家中；第二，公共场所；第三，美术品交易场所，即古董店。首先，冈仓天心认为"中国收藏家的家中一定保存了珍贵的藏品"。⑤ 其次，古董店自然保存了古代美术品。最后，寺庙保存的美术品可供观赏。因此，这样的三大区域成为冈仓天心一行美术考察的的首选地。

针对于此，冈仓天心也留下不少感慨，他指出，中国美术品之所以大多消亡，最为重要的根源在于"战乱"。不仅如此，中国的佛教现以禅宗为主，

---

① 五浦論叢.座談会記録「岡倉天心先生を語る」[J].茨城大学五浦美術文化研究所紀要(7), 2000: 12.
② 冈仓天心.中国的美术及其他[M].蔡春华译.北京：中华书局，2009: 215.
③ 冈仓天心.中国的美术及其他[M].蔡春华译.北京：中华书局，2009: 216.
④ 冈仓天心.中国的美术及其他[M].蔡春华译.北京：中华书局，2009: 215-216.
⑤ 冈仓天心.中国的美术及其他[M].蔡春华译.北京：中华书局，2009: 249.

佛像不仅未受重视，在保护上也缺乏传承观念，自然也就易于消亡，而且中国人原本就一心专注于保护自身，极少致力于公共事务的保护，因此在寺院等的维护上也鲜见倾力而为的情形。①

不过，冈仓天心提到洛阳的龙门、西安附近的碑林、大雁塔等古物，尤其是龙门石窟："半山腰中有几百尊佛像，可谓中国之奇观。到了这里才了解到了西游记。尤其是几个小洞里的观音非常奇特。二王和法隆寺的壁画很相像。"② 在此，冈仓天心不仅将龙门石窟比喻为中国奇观，还联想到西游记，而且实证性地找到了日本的法隆寺壁画与中国壁画的关联，并将中国与日本的美术史串连在一起。

根据早崎梗吉的记载，龙门石窟的佛像累计共达两万多尊，大的有五六丈，其他的或者两丈或者三丈，小的则约有一尺五寸。雕刻工程始自北魏，终于唐中叶。到该处一看，时代变迁的痕迹即一目了然。龙门石窟保留了七大石室，乃是继紫云山的武梁祠之后中国美术史上最贵重的艺术品，而且它们在中国之外是不曾公开过的。或许这次的拍摄是第一次吧。

冈仓天心将之把握为年代最为古老的艺术存在，同时也将之与日本法隆寺金堂的"释迦三尊"等作品进行比较。冈仓天心指出，所谓的"百济式"，并非真是出自朝鲜百济，或许实质上是来自中国，或者说来自洛阳等地的深邃之地。这样的佛教雕刻或许并不精巧，无论是他们的手还是巨大的脸庞，或许也谈不上美，但是就美术史而言，的确可以称之为"珍贵的艺术品。"③

提到中国的塔，冈仓天心并没有如同龙门石窟一般进行专门的论述，而是侃侃而谈，旁征博引。他不仅提到了北京天宁寺的塔，该塔"是隋朝时建造的，之后经历过修补，且是用瓷砖修补的。塔上也有非常美的佛像等。塔虽然在明朝时修缮过，但大体没变。还有长安慈云寺里的塔，即大雁塔，墙漆等都剥落得很厉害。从前寺院内应当相当壮观，现在却仅存两三间小屋。遥想曾经在此赐宴进士或进行别的活动时，该有多么兴盛啊！"④

---

① 冈仓天心. 中国的美术及其他 [M]. 蔡春华译. 北京：中华书局，2009：250.
② 岡倉天心. 岡倉天心全集第5巻 [M]. 東京：平凡社，1979：51.
③ 冈仓天心. 中国的美术及其他 [M]. 蔡春华译. 北京：中华书局，2009：251.
④ 冈仓天心. 中国的美术及其他 [M]. 蔡春华译. 北京：中华书局，2009：254.

不过，类似的塔建筑，尽管存在各种各样的形状，但却逐渐散落在历史长河之中，并随着中国文明的衰落而消失。

2.4.2.3 中国之旅的文化认识

承前所述，冈仓天心在中国之旅结束之后，曾发表系列演讲，同时还留下《中国南北的区别》、演讲速记《中国的美术》、演讲笔记《中国行杂缀》等一系列文字，透过这些文字可窥见该次中国之旅对于冈仓天心的美术认识和中国认识亦产生深刻影响。

冈仓天心的中国认识，首先需要阐明其前提，即以欧洲为前提、以中国为对象来加以阐述。在冈仓天心阐述中国文化、中国南北的差别之际，有尤为突兀的一段文字即"欧洲没有共性"。之所以如此论断，正如冈仓天心所阐述的，"从俄罗斯的高原上吹来的风雪，恰好送抵日耳曼人的国土，其风土之勇敢与刚直，应与地处温暖的地中海，风流潇洒的拉丁民族不同。属域广漠，其间没有一定的共性也不外乎如此"。[①] 在此，冈仓天心提到了俄罗斯人、日耳曼人、拉丁民族的区别，指出"欧洲无共性"的问题。

那么，冈仓天心为什么会提到这一点？接下来，冈仓天心提到："现在假使姑且排除西藏等西域诸藩、北边被称为鞑靼的蒙古满洲、南边受印度尼西亚等国家影响的云南广东诸省，以中国文化的中心而论，那么以黄河和长江为中心，至少可以看到南北两种文化的差异。"在此，冈仓天心提到西域、蒙古、满洲、印度尼西亚等中国周边，排斥西藏、云南、广东，将中国区分为了黄河、长江这样的南北文化区域。

换言之，通过"欧洲无共性"，就可以推导出"中国无共性"的问题。不仅如此，若是依照单一民族国家的理论，作为周边的、区别于黄河与长江文明的中国周边地区，应该说也是与中国文化缺乏共性。在此，我们可以清晰地认识到冈仓天心针对中国文明加以"碎片化"、加以"肢解"的潜在意图。

作为结论，冈仓天心提到"在中国无中国"。也就是说，"在中国国内，

---

① 冈仓天心. 中国的美术及其他［M］. 蔡春华译. 北京：中华书局，2009：214.

不存在中国的共性"。以欧洲来反观，也可以说"欧洲没有所谓欧洲的共性"。[1] 不仅如此，冈仓天心还专门提到一点，即没有语言的统一，绝不会有国家"国性"的统一。中国国内之所以不统一，就在于异心异性的人民彼此互相猜忌嫌恶。而且，南北之间之所以相互持有胡越之念，最重要的原因不在于别的，而在于语言不通。[2]

概言之，冈仓天心先后经历了四次中国之旅，不仅考察了中国的美术、遗迹，并切身体验了中国的文化风土；不仅体验到了中国的广袤、风土的变迁、社会的凋敝，还留下了"在中国无中国"的感慨。通过对中国语言和南北风土的体验，冈仓天心否定中国的统一性，并提出"中国无共性"这一观点。不过，考虑到近代国家的统一性的语言政策，考虑到近代化观念下的各个区域的同质化发展，或许在语言的背后，我们可以最为直接地认识到冈仓天心实质上是站在了一个政治的立场来讨论"国体"的问题，亦提到可以通过"语言"即"文体"来统一"国体"的一大问题。作为美术的宣扬者，冈仓天心并未直接与政治牵涉在一起，但是即便是语言的问题，也在所谓的"国民国家"的近代化框架下与政治保持了千丝万缕的联系，或许冈仓天心始终不曾脱离政治而存在过。

小 结

本章节主要考察冈仓天心的欧洲、美国、印度以及中国之旅，并尝试构建起"作为世界旅行者"的冈仓天心形象。并主要以冈仓天心海外之旅的考察动机、主要活动等为对象加以论述。

1886 年，为筹备东京美术学校的创办事宜，冈仓天心与费诺罗莎参与由日本文部省组织的欧洲美术教育事业调查委员会，赴欧美进行为期一年的美术考察。通过这次欧洲美术考察，冈仓天心不仅实地体验欧洲各国的文明精髓，还树立起"以东洋美术为主，兼而吸取西洋美术之精华"的态度。冈仓

---

[1] 冈仓天心. 中国的美术及其他 [M]. 蔡春华译. 北京：中华书局，2009：232-233.
[2] 冈仓天心. 中国的美术及其他 [M]. 蔡春华译. 北京：中华书局，2009：238.

天心认为，"不讨论东西的区别，而是基于美术之大道；取其有理之处，研究其美之所在，根据过去的沿革和现在的形势进行发展"。

1904年，冈仓天心携带弟子横山大观、菱田春草等赴美考察，而后参与负责波士顿美术馆中国·日本部藏品的收藏整理工作。冈仓天心一方面不遗余力地致力于东洋美术的收藏、整理，一方面则借助画展、演讲和著书等工作积极面向西洋宣扬亚洲，并由此而觉悟到"我们是亚洲艺术遗产的唯一守护者"。

1898年，冈仓天心以探索东洋美术源流为由，由内务省委派，赴印度进行为期近一年的考察。其间冈仓天心不仅游历石窟寺庙等佛教圣地，还结识了迦南达、泰戈尔等印度伟人，并被印度有志青年的爱国热情所感染，创作其生平并未公开发表的英文著作《东洋的觉醒》，高呼"收复东洋，在于我们的觉醒。能挽救我们的是剑"。[①]

就中国而言，冈仓天心先后经历四次中国之旅，冈仓天心不仅考察中国的美术、遗迹，并切身体验中国的文化风土；不仅体验到中国的广袤、风土的变迁、社会的凋敝，还留下"在中国无中国"的感慨。通过对中国语言和南北风土的体验，冈仓天心否定中国的统一性，并提出"中国无共性"这一观点。不过，冈仓天心最有感触的，"就是亚洲古代的美术犹如一件织物，日本是以中国为经、印度为纬编织而成的"。不言而喻，冈仓天心在此基于欧洲、美国、印度、中国之旅，最终确立了日本作为亚洲美术的代表者的引领地位。

不过，我们亦不可忽视一点，即冈仓天心的世界考察也带有了政治的内涵。正如在赴美途中冈仓天心的演讲所示，"我们如今有可能一跃成为世界一等国。我们要培养保持国家现状的决心，一定要时刻保持大国的心态"。我们可以最为直接地认识到冈仓天心亦是站在政治立场思考世界问题，或许冈仓天心始终不曾脱离政治而存在过。

概言之，在东西方文明激烈碰撞的时代背景之下，冈仓天心开启其世界

---

① 1893年的中国之行，冈仓天心亲历了半殖民地统治下的中国，1901年的印度之行冈仓天心又亲历了殖民地统治下的印度。加之对日本沦为殖民地的担忧之情，冈仓天心创作了《东洋的觉醒》一书。号召亚洲人民团结一致，用剑，而非沉思默想来回应西洋的冲击。

之旅。无论是最初以欧洲美术考察为中心的欧洲之旅，以中国美术探究为目的的第一次中国之行，还是由于身陷日本美术学院经营困境而寻求精神解脱的印度之行，抑或是作为亚洲文明言说的美国波士顿之行，都为成就作为"世界人"的冈仓天心打下坚固的基础。不过在此，我们亦要指出一点，作为世界旅行者的冈仓天心实质上处在了东洋与西洋之间，犹如同时代的不少日本知识分子一样，冈仓天心通过实地考察，频繁往来于东洋与西洋之间，从整体上把握了东洋与西洋的文化风土和艺术源流。冈仓天心既试图在东洋与西洋的二元框架中言说亚洲，又试图在日本和亚洲的二元框架中言说日本，这种亚洲身份的二重认识，势必导致中国在冈仓天心叙述中的一个潜在悖论，然而为了日本的根本动机又在身份困境中为冈仓天心指引方向，即当亚洲内部与日本发生摩擦和碰撞时，冈仓天心最终选择为日本言说。

第三章　作为中国文明观察者的冈仓天心

第三章　作为中国文明观察者的冈仓天心

依照冈仓天心《年谱》，冈仓天心的"中国情结"肇始于 8 岁之际，即 1871 年，拜神奈川长延寺①主持玄导为师，开始学习汉文。这一时期的汉文，主要是以中国的《论语》《千字文》为代表的传统汉学。冈仓天心亦跟随玄导法师自《大学》开始，而后接受《论语》《中庸》等一系列汉学的教育，奠定了扎实的汉学基础。1875 年，冈仓天心进入东京开成学校（后改称东京大学）学习，其间不仅跟随森春涛（1819—1889 年）学习汉诗，跟随中村正直（1832—1891 年）学习《诗经》，还参加汉诗社"茉莉吟舍"。② 这样的一系列经历与体验，构建起冈仓天心扎实的汉学功底与潜在的东方情怀。

不过，冈仓天心对中国文明的切身体验，应该是缘起于 1893 年 7 月至 12 月的第一次中国之行。这一时期，冈仓天心担任东京美术学校校长兼教授，受日本宫内省委托，前往中国内地，对中国美术进行实地考察。以美术品的考察为中心，冈仓天心满怀对中国文明的感怀与批评，在旅途中撰写《清国旅行日志》《清国旅中杂记》《三笑录》等，归国后亦撰写论文《中国南北的区别》、演讲速记《中国的美术》以及演讲笔记《中国行杂缀》等。第二次前往中国，是 1906 年 10 月至次年 2 月，受波士顿美术馆的委托，冈仓天心前往中国收购藏品，以北京的琉璃厂为中心，经过洛阳、西安，入手大量的挂件、铜镜、铜器等艺术品，然后返回日本。第三次中国之旅，并非直接

---

① 长延寺为日本佛教净土真宗本愿寺的一支，该寺在 1859 年之际基于神奈川条约，被迫成为荷兰领事馆所在地，成为集东、西学为一体的地方。
② 冈仓天心. 中国的美术及其他 前言 [M]. 蔡春华译. 北京：中华书局，2009：2.

以中国为目的地，而是经过伦敦、巴黎、菲律宾、莫斯科，然后再由经中国的北京、天津等，从而返回日本。在这次短暂停留期间，冈仓天心访问琉璃厂，并在雁丰购买 200 件中国艺术品。第四次中国之旅，是 1912 年 5 月至 6 月。据《九州·中国旅行日志》记载，这次旅行的目的亦是收集古代美术品。

概言之，冈仓天心的中国文明考察依托于美术品的事实体验、中国王朝的更替往复，同时亦带有东洋与西洋的文明观念下的比较与反思。也就是说，东洋与西洋的文明冲突构成冈仓天心考察中国文明的宏大背景，中国文明的想象与现实则构成冈仓天心认识中国的材料与方法。也正是在这样一个框架之下，冈仓天心的中国文明批评得以树立起来。

3.1 文化风土的考察

围绕冈仓天心的中国风土考察，可以追溯到 1936 年冈仓一雄编撰的《冈仓天心全集》，该文记载了冈仓天心四次中国考察的时间和行程。1960 年，齐藤隆三在著作《冈仓天心传》中指出，冈仓天心在频繁接触到本国奈良、京都的古代美术品之后，更加陶醉于中国六朝至唐代的古代美术，于是不顾艰险开始其第一次中国美术考察[1]，提示出作为日本美术源流的中国美术的存在。1980 年，清见陆郎在论著《冈仓天心》中提示冈仓天心通过中国考察，确信"日本美术具有自己的独立性和特殊性"[2]，从而提示中国之行对于确认日本美术独立性的重要意义。1982 年，鹤间和幸在论文《天心的中国认识：以"中国南北的区别"为中心》中站在文化地理的立场，指出"天心在'围绕以中国文化的中央进行论述'的这一前提下展开南北地域的论述。我们必须注意南北论中有汉民族中心史观的危险性"。并同时从山川气候、生活、容貌体格、气质、语言、政治变迁、文化现象等方面提示冈仓天心"江河其趣各异"的中国文化风土认识。2015 年，村田雄二郎在论文《冈仓天心

---

[1] 齐藤隆三. 岡倉天心 [M]. 東京：吉川弘文堂，1969：74.
[2] 清見陸郎. 天心岡倉覚三 [M]. 東京：中央公論美術出版，1980：123.

的中国南北异同论》中详细梳理了冈仓天心的四次中国考察，指出冈仓天心以欧洲为比较对象，提示了中国作为多元政治团体的合体这一立场；创见性地提出中国历史文化的南北差异，尤其是站在美术与文化视角下针对中国地理、中国空间多元性的认识，从而指出这一立场或者观念对于重新思考"中国"这一独特的世界所具有的启示意义。

作为新材料，继平凡社于1979年至1981年出版《冈仓天心全集》（9卷版）之后，1994年茨城大学五浦美术文化研究所纪要刊发了此前未经公开的冈仓天心第一次中国考察期间的旅行笔记本两册：《清国旅中杂记》《三笑录》。这两册书主要记载冈仓天心在旅行中的见闻和感想，尤其体现其对中国风景、文物、风俗、建筑、宗教等独到和敏锐的见解，为冈仓天心的研究提供了新的资料。

3.1.1 北方：儒家政治

3.1.1.1 游牧民族与农耕文化

中华文明的起源究竟是什么？冈仓天心认为，"中国人是以农耕为生的鞑靼人"，集中在黄河流域，形成"集体主义"模式的社会系统。与此同时，中国"周期性地接纳新的鞑靼游牧族群的输入，并把他们同化融合到农耕体系"，也就是使之流入中华文明的范围，并将其一个接一个地同化于中国以农耕为核心的集体主义文明之中，形成了"四海之内，皆兄弟也"的社会观念。由此可见，冈仓天心将中华文明的整体概括为"以农耕为核心的集体主义"。

接下来，冈仓天心的中国考察首先论述"黄河流域"的风土地貌。冈仓天心指出："黄河周边沃野千里，似无穷尽之处。虽有太行山、华山与泰山，但是仍不足以打破平原的广袤。"作为"亚细亚的游客"，冈仓天心看到远离燕京风尘的黄河一带的风土，"一望千里处处皆为平原"，"天际翠黛，四周一片广漠，远山低垂"。即便是如此"只有一样光景的路途，但身为访古之客，我也能感受到无限的雅趣"。之所以如此，是因为"所经之处，一山一水，无一不是古代的遗迹"。① 对此，冈仓天心亦留下"中原毕竟是荒原"的无限感慨。

其次，冈仓天心认为这样的风土亦决定北方人的生活意趣与人文性格。依照冈仓天心的描述：河边"不见清流"，故而缺少水田，以粗粮耕作为主；灌洗不便，故而北方人懒于洗涤，形成不求洁净的风气；平原一望无垠，缺少了起伏变化，故而北方人朴实而粗野，质朴而冷淡，形成了一股刚健之风，"斗狠劫杀"，必出坚忍之士；北方人居于平原旷野，坚持着日出而作、日落而息的生活习惯，因此其内在的探求是一成不变的理趣，故而《易经》、儒学皆以"静"为主，言说的是以"平"为核心的"道"。也就是说，北方中国基于自身的农耕文化，强调的是以儒学为核心的世界观与价值观。

最后，冈仓天心就这样的农牧文化进行文化学的界定。冈仓天心指出，古代中国分为九大区域，其长官被称为"牧"。他们信奉族长式的神，"天"就是他们的神的象征。"天"发乎仁慈之心，通过数术式的秩序，让各种命运降临在人类的身上。按照冈仓天心《儒教——北方中国》的文本叙述：如果说"鞑靼人是以游牧为生的中国人"的话，那么中国人就是"以农耕为生的鞑靼人"，以黄河流域为发祥地的中国文明形成宏大的集体主义体制，"全然迥异于他们残存在蒙古草原的、以流浪为生的同胞们所奉行的文明"。② 也就是说，冈仓天心针对中国文明的起源进行区别式的描述，即区别于蒙古草原的游牧文明，将之界定为"农耕文化"，亦接近西方"culture"一语的"农耕"之本源。

冈仓天心认为，中国鞑靼人保持牧民式的政治观念，信奉族长式的神。中国最早的农民就是牧人，无论是伏羲氏还是神农氏，皆带有牧人神话的内涵。中国文化的核心观念在于"天"，"天"也就是神的象征，③ "人类生活的最高意义是回归上天"。④ 不仅如此，"一个国家、民族的发达与开明，无不依赖长河江海。中国也是这样，她的北方和中原地区依赖黄河，南方则依

---

① 冈仓天心. 中国的美术及其他 [M]. 蔡春华译. 北京：中华书局，2009：215，221.
② 冈仓天心. 中国的美术及其他 [M]. 蔡春华译. 北京：中华书局，2009：17.
③ 冈仓天心. 中国的美术及其他 [M]. 蔡春华译. 北京：中华书局，2009：18.
④ 冈仓天心. 中国的美术及其他 [M]. 蔡春华译. 北京：中华书局，2009：35.

赖长江而发达"。① 就这样，冈仓天心在树立中国文明的整体观念之后，进一步将中国确立为北方与南方的文化格局，从而展开对于中国文明的探索。

3.1.1.2 儒教思想与中国文明

承前所述，冈仓天心指出，北方中国基于自身的农耕文化，强调以儒学为核心的世界观与价值观。冈仓天心高度评价孔子（公元前551—前479年），指出："（孔子）把一生奉献给了他所追求的事业，即建立近乎宗教的伦理体系，实现人性的神话。对他来说，人性即为神性，人生的和谐就是他的终极追求。"在此，冈仓天心没有采取孔子学说的经典概念，而是采用西方文明观念下的"宗教""人性""神性""和谐"等一系列概念来理解孔子，即站在世界文明的立场诠释儒教孔子，阐述中国文明。

事实上，冈仓天心亦将孔子或者儒教视为世界文明的"重大成果"来加以认识。冈仓天心指出："要翱翔天际，与无边无涯的天宇融为一体，可依托印度的精神；要探索地球与物质的诸多秘密，可依托欧洲的经验主义；要通过地球上的梦幻乐园而上升到虚空之境，可依托基督教或闪米特族人。儒教放弃了所有这一切，它拥有博大的知识体系以及因无限同情普通民众而散发出的魅力，所以它往往能长久地获得伟人的青睐。"② 在此，东方的孔子与儒教，可以与印度的精神、欧洲的经验主义、基督教或者闪米特族人的思想相媲美，构成人类文明的重要内容。

不仅如此，冈仓天心还提到作为儒教经典的《周易》。根据冈仓天心的表述，所谓《周易》即"变之书"，该书可谓中国人的《吠陀》，书中大量谈及牧人的生活。虽然孔子也借此接近了"超乎理解之物"，但对于持"未知生，焉知死"的不可知论的孔子来说，这几乎就是一部禁书。根据中国的伦理，社会的基本单位是家族，家族由上下等级间的服从关系构成。因此即使是一介农夫，在家族体系中也具有等同于皇帝的重要性。所谓的皇帝即因德行高尚而处于社会的最高地位，在这个需要互尽义务的庞大的集体主义社

---

① 冈仓天心. 中国的美术及其他［M］. 蔡春华译. 北京：中华书局，2009：234.
② 冈仓天心. 中国的美术及其他［M］. 蔡春华译. 北京：中华书局，2009：19.

会里他的意见与抉择决定了该集体里的一切，可以说是形如一家之长的独裁者。①

冈仓天心亦关注到儒教的历史发展。事实上，中国儒学的展开并非一帆风顺的，而是充满无数的坎坷。冈仓天心关注到秦朝的"焚书"事件，指出这一事件的本意在于"为了压制政治上的思想自由"；还注意到儒学成为录用文官考试——科举制度的内容，为"提拔国家英才担任官吏"发挥重大作用；朝鲜学者王仁到日本讲授儒学，推动儒学在东亚的传播与影响。正是基于这样的儒学或者儒教精神，亚洲的艺术才具有了"普遍性的、超越自我的博大生命，将永远地从缺乏共鸣这一彼此间有着巨大疏远的危险境地中被拯救出来"。②

针对儒教宣扬的道德，冈仓天心亦有所评价。冈仓天心提到，古代儒学家认为秦朝暴君是一切恐怖与丑陋行径的罪魁祸首。但同时指出，这些暴君在完善周朝的制度上亦有巨大贡献。历史上，秦朝不仅修筑驰道、长城，设置与波斯太守管区类似的地方郡、县政府机构，还首次推行全国性的统一文字。更确切地说，正是通过这些行政措施的抉择，他们建立了一个强大的统一国家。帝国虽然为了自身的强大而推行中央集权制，但是随后也将因此而遭遇被推翻的命运。③

3.1.1.3 文化艺术与孔子之教

不言而喻，树立以家族为单位的伦理纲常，奠定上下等级间的服从关系，正是儒学政治化的直接体现。但是，冈仓天心的考察并没有局限于此，而是站在"人性"的立场就儒学展开论述。冈仓天心指出，艺术是"有益于社会的道德行为"，应该受到尊重；音乐是成为君子的重要条件，是青年必须首先要研习的内容；诗歌是调和政治的导向手段之一，"君主的旨意不在于命令而是暗示；臣民的目的不在于抗议而是委婉的提议"，诗歌就是传达这一信息的"媒介物"。绘画也可以作为美德说教的手段或者方法而得到重视，

---

① 冈仓天心. 中国的美术及其他 [M]. 蔡春华译. 北京：中华书局，2009：20.
② 冈仓天心. 中国的美术及其他 [M]. 蔡春华译. 北京：中华书局，2009：22-26.
③ 冈仓天心. 中国的美术及其他 [M]. 蔡春华译. 北京：中华书局，2009：22.

带有高尚或者卑劣的审美内涵。[①] 也就是说，东方的"艺术"并没有站在政治的反面或者对立的立场，而是作为政治的"有效补充"，带有人文主义的深刻内涵。

围绕孔子的艺术观念，冈仓天心进行了重点描述。首先，冈仓天心提到音乐。他指出："回顾孔子的一生，人们总会想起，他不仅在与弟子们的好几次对话中津津乐道音乐之美，还有诸如以下的种种逸闻：他曾说过倘若没有音乐不如绝食；有时仅仅为了亲身感受韵律带来的愉悦，他尾随于敲打着陶瓷罐的孩子们之后；他甚至前往齐国（现在的山东省），就为了倾听从太公望的时代流传下来的古代歌谣。"这样的一系列例证，皆来自《论语》。事实上，孔子确实提到音乐在人格培养、道德传承之际的重要作用。

其次，冈仓天心还站在比较文学的视角，提到中国的诗歌。他指出："欧洲把那些歌咏爱、劳动、大地之美的乡村民谣；回荡着叮叮当当的刀枪之声、激昂的马蹄声的边境战歌；在无知臣服于未知世界的边远地区里，令人毛骨悚然地歌唱超自然的神秘事物的歌谣等都当成诗歌。只有在上述各种要素得到充分发展的时代里，只有尚未将个人的自我实现作为诗歌主题的国民，才能创造出这种诗论。"在此，冈仓天心重点关注到中国的《诗经》。他指出，中国人针对"诗歌这一形式的理解，恰好与欧洲中世纪对歌谣的理解一致。……虽然中国古代的民间歌谣是经孔子之手收集的，但孔子收集它们是为了借以阐明中国最早的黄金时代——夏、殷、周这三个朝代的习俗，他们被当成验证改朝代是行福祉或者是行弊政的试金石"。换言之，《诗经》作为中国古代的习俗记载，成为论证时代政治、衡量君主道德的重要例证。

最后，冈仓天心还提到绘画艺术。他曾提到，《孔子家语》中，"孔子讲述了谒见周代诸王祠堂之事，描述了祠堂内周公抱着年幼的成王的壁画，把它与另一幅描绘古代的专制暴君——桀和纣沉溺于个人享乐的壁画相比较，评述了各张画所欲表现的高尚与卑劣的内涵"[②]。在此，绘画艺术不只是停留

---

① 冈仓天心. 中国的美术及其他 [M]. 蔡春华译. 北京：中华书局，2009：20.
② 冈仓天心. 中国的美术及其他 [M]. 蔡春华译. 北京：中华书局，2009：21.

在了艺术的审美或者鉴赏的层次，而是带有道德意识，反映出高尚与卑劣的内涵。就此而言，孔子提倡的儒教教育，实质上超越了知识范畴、道德范畴，带有最为深刻的艺术内涵，且三者始终结合在一起，不曾分离。

3.1.2 南方：老庄思想

  道家思想和他的正统继承者——禅宗一样，体现着中国南方思想中的个人主义倾向。这与中国北方以儒家思想为代表的集体主义精神形成鲜明的对比。国土面积等同于整个欧洲的中国，以横贯大地的两大水系为标志，具有两种不同的性质。长江和黄河，分别可以比作地中海和波罗的海。就是到了今天，尽管经过了几个世纪的统一，南方人在思想和信仰上还是与北方同胞存在着差异，就像拉丁民族区别于条顿民族（日耳曼人的一支）一样。……另一方面，艺术和诗歌的表达和诠释，也与其他一方完全不同。从老子和他的门徒，以及长江流域自然诗人的先驱屈原身上，我们可以找到一种理想主义，它与同时代北方作家乏味的伦理道德观念大相径庭。

这是冈仓天心在 1906 年出版的《茶之书》之中所提到的一段话。在此，冈仓天心以中国的南方思想为核心，将之与欧洲进行比较，提到作为南方文化之代表的老子及其门徒，提到长江诗人屈原，提到与北方的儒教道德伦理截然不同的理想主义，就此也确定了南方文化的基调，并以此来比拟欧洲的地中海文化，进行一个与北方相对照的论述。

事实上，冈仓天心的这一认识并非肇始于 1906 年的《茶之书》，更为确切地说，应该是来自最初的中国考察，也就是 1893 年的中国之旅。而后，停留印度期间，冈仓天心撰写的著作《东洋的理想》，亦收录《老庄思想及道教——南方中国》一文，并由此构筑起中国南方文化的基调。

3.1.2.1 南方文化

针对中国南方，或者说长江流域，冈仓天心在《老庄思想与道教——南方中国》一文的开篇指出"如果没有老庄思想与道教在周朝末期以降，为亚洲相互对立的两极思想的共同发展奠定了心理基础，尊崇儒教的中国是绝对无法接受印度的理想主义的"。换言之，北方文化——儒教文化，无法接受印度的理想主义佛教，但是佛教进入中国，且不断开花、散枝散叶，成为一大气象，其根本即在于中国的老庄与道教思想，并指出其为佛教思想的传入奠定了心理性的基础。

接着，冈仓天心明确指出，"长江绝非黄河的支流"。如何来理解这一段话？一直以来，我们一贯强调"黄河是中华文明的摇篮，黄河是中华文明的发祥地"，由此来加以推演，长江文明只是黄河文明的一大延续，或者说是这一文明不断向外传播、向外演绎的一个结果。但是在此，冈仓天心针对这一话语提出反驳，认为长江流域的文明并不是黄河或者说以黄河为核心的中华文明的延续或者"变异体"，而是带有独特内涵的独立存在，同时也是中华文明不可分割、不可忽视的重要来源之一。

在此，冈仓天心针对中华文明的格局，提出两个不同的来源。冈仓天心之所以提出这样的主张，是基于这么一个理念："主导着生长于黄河岸边、以农耕为生的鞑靼人的一切方面的集体主义，也不足以束缚他们的同胞——长江儿女们的野性精神"——他们是一群"对于北方周朝的各诸侯国毫无忠诚可言的自由彪悍的族群"。在此，冈仓天心采取"自由彪悍""野性精神"的话语来描述中国南方的精神，且对之采取褒扬的态度。

那么，为什么冈仓天心会采取如此的划分方式？回归南方文化，笔者认为不仅在于南方区别于北方，代表中国人的自由心性的一面，同时也在于老庄思想与道教的精神使中国文化得以融汇外来的文化，并使中国文化整体性地获得了进一步的壮大发展。正如冈仓天心所指出的，"尊崇儒教的中国绝对无法接受印度的理想主义"。[①] 也就是说，中国之所以接受佛教，之所以取得美术文化的辉煌，正是基于南方文化潜存的老庄思想与道教的基本精神。

3.1.2.2 老庄思想与道教精神

那么，在冈仓天心的笔下，老庄思想与道教究竟具有什么样的精神，从而得到这般的高度评价？

首先，就老庄思想而言，冈仓天心指出，老子的《道德经》强调"返回

[①] 冈仓天心. 中国的美术及其他 [M]. 蔡春华译. 北京：中华书局，2009：28.

自我、从习俗的束缚中解放出自我的伟大"精神。这一点可以在屈原的诗歌之中得以印证。冈仓天心提到屈原的"负载着悲怆记忆的诗作",指出:"南方的诗歌充盈着对大自然的炽热赞美、对大河的崇拜、对云朵或笼罩着湖面的雾的喜爱、对自由的热爱、对张扬自我的讴歌等等。尤其是最后一点——对张扬自我的讴歌……(由此)我们可以品味到那种返回自我、从习俗的束缚中解放出自我的伟大。"① 在此,冈仓天心提示屈原《楚辞》的最为根本的精神,就是通过对于大自然、对于自由的热爱,来追求一种道教式的回归自我、解放自我的理想主义精神。

不仅如此,庄子著作之中充满"华丽的想象",突出"个人的精神主义",从根本上动摇儒教的集体主义。冈仓天心指出,庄子描述"鲲鹏"这一神奇的鸟:羽翼长达九万里,它一飞起来,天空旋即变得昏暗,再次飞落到地上,则要在半年之后。庄子讲述"庖丁解牛"的故事:据说这个屠夫宰牛时不是用刀砍骨头,而是把刀切入骨头与骨头之间的缝隙,根本不需要磨刀。庄子借以嘲讽儒教的制度与习俗,因为它们的力量是有限的,它们无论如何也无法涵盖超越个体的"气"的博大领域。就此而言,冈仓天心不仅注意到老子与庄子的思想本身,同时还强调二者与儒教思想之间的迥然差异与思想论争,从而指出老庄思想是一个有别于儒教思想的框架体系。

其次,冈仓天心论述老庄思想的演绎与发展,提到"不为五斗米折腰"的人物陶渊明——"老庄学派中最典型的儒者,也是儒家学派中最典型的老庄式人物",指出陶渊明的《归去来兮辞》具有丰富的想象与独特的表现手法,指出它是"长江精神的产物",表现南方诗人力图通过大自然去展现人类的精神世界,提到"这样的灵感在唐朝伟大的自然主义文化时代里,与佛教的理想相融合,之后再度涌现于宋代的诗词作品"② 之中。冈仓天心还提到南朝著名画家顾恺之的诗歌与绘画,强调"人物的眼神"乃是肖像画的秘诀。顾恺之是4世纪后半叶的诗人与画家,属老庄式人物,被称为"诗中第一,画中第一,愚中第一"(即才绝、画绝、痴绝),认为他"是老庄精神创

---

① 冈仓天心. 中国的美术及其他 [M]. 蔡春华译. 北京:中华书局,2009:28.
② 冈仓天心. 中国的美术及其他 [M]. 蔡春华译. 北京:中华书局,2009:32.

造的又一成果。而且,他们为中国和日本之后的画论与美学的统一奠定了基础"。①

最为突出的,就是冈仓天心提到谢赫"气韵生动"的绘画法则,及以线条构图的观念。公元5世纪,谢赫提出绘画六法:"一曰气韵生动,二曰骨法用笔,三曰应物象形,四曰随类赋彩,五曰经营位置,六曰传移模写。"对此,冈仓天心评价指出:第一法就是"气韵生动",即所谓的艺术,是通过韵律这一事物处于和谐状态的法则,表现活跃于宇宙间的伟大气韵;第二绘画法与构图、线条有关,叫"骨法用笔"。根据这一画法,富于创造性的精神在进行构图时,必须掌握绘画的有机构造。线条是作品的神经或动脉,色彩是覆盖整个作品的皮肤。冈仓天心指出了以线条构图的观念,乃是"中国和日本绘画艺术的卓越之处"。②

最后,冈仓天心提到中国书法,指出:"书法的一笔一画,本身就包含着生与死的法则,它们通过与其他线条的互相连接,构成了一个富于形态美的表意文字。"具有自身的抽象之美。中国的美术之所以如此,其根本就在于中国南方人士的一种发自内心的、充满想象的对于"自然与自由"的爱。③

3.1.2.3 南方人文风土

在这样的文化内涵之背后,究竟存在一个什么样的人文风土,或者说冈仓天心的南方考察究竟是基于什么样的文化风土?冈仓天心指出:长江周边"危峰层峦,如若不是前方山峰耸峙,后也必有飞泉悬瀑"。江边"苍翠欲滴"、树木繁茂,温暖"多雨""变化百出""江泽乘舟船",④呈现出与黄河流域截然不同的自然风土。长江两岸"竹木丰饶",可以建造明朗的房屋,空气流通;"气候温暖,灌溉自如,所以不仅水田收获丰饶,蚕丝、茶叶的物产也极为丰富"。⑤就此而言,南方与北方的自然风土与人文生活可谓迥然不同。

---

① 冈仓天心. 中国的美术及其他 [M]. 蔡春华译. 北京:中华书局,2009:32.
② 冈仓天心. 中国的美术及其他 [M]. 蔡春华译. 北京:中华书局,2009:33.
③ 冈仓天心. 中国的美术及其他 [M]. 蔡春华译. 北京:中华书局,2009:28-35.
④ 冈仓天心. 中国的美术及其他 [M]. 蔡春华译. 北京:中华书局,2009:215.
⑤ 冈仓天心. 中国的美术及其他 [M]. 蔡春华译. 北京:中华书局,2009:235-236.

不仅如此，这样的自然风土也决定了南方人的性格。冈仓天心指出：与北方拥有大量的旱田不同，南方大多是易于灌溉的水田，物产丰富、种类繁多；与北方人的"不讲卫生"相比，南方人大多注重自身的洁净；与北方所谓"风萧萧兮易水寒"的志士不同，南方大多出现"潇洒""高尚之士"；与北方人的"强健坚忍"不同，南方人的品性大多"敏巧"，也就是思想缜密、为人机敏、通达事务。与北方探索恒常的理念，追求一成不变的理趣不同，南方大多寻求机变，奢华而开朗，强调个性与自由。冈仓天心认为，南方人之所以如此，乃是"自然理势"之结果。

那么，面对这样的南北异同，冈仓天心究竟心向何处？依照村田雄二郎的研究，冈仓天心或许较之儒教，更为倾向于道教；较之中国北方，更为倾心于以屈原为代表的南方诗歌与艺术的"理想主义"。① 不过，回到冈仓天心的文本，我们亦可以发现这样一段文字：

> 尽管儒家的圣贤们付出了扎实的努力，但也无法根除中国人从中华民族最早的故乡带来的鞑靼人的迷信。居住在长江边的森林里的未开化的原住民成了这一原始遗产的守护者，他们喜欢魔法咒术之类带着"魔性"的故事。不，从一开始，儒教意义就无视人死之后的问题，人类生活的最高意义是回归上天，最低意义是再次在地下聚合，这种思想必然导致的一个结果就是追求肉身不死。②

在此，冈仓天心提到了鞑靼人的迷信——这一点无疑基于现代人类学的立场，南方文化反倒是继承这来自故乡的传统，成为这原始遗产的守护者，儒家的圣贤们不管怎么样努力，也无法从根本上根除这样的"迷信"。在此，儒教是否代表了真正的传统，是否就是一个正统，应该说冈仓天心在此提出怀疑。而且，我们亦可以认识到，在将南方文化视为正统观念的同时，冈仓天心亦提到与"儒教意义"截然不同的追求"肉身不死"的宗教思想。

概言之，围绕中华文明的起源，尤其是北方中国与儒家学说，冈仓天心认为：第一，中华文明是一个以游牧民族为起源，以农业集体主义为核心，

---

① 村田雄二郎. 冈仓天心的中国南北异同论 [J]. 华东师范大学学报, 2015 (4): 16.
② 冈仓天心. 中国的美术及其他 [M]. 蔡春华译. 北京：中华书局, 2009: 35.

是可以与印度精神、欧洲文明或者基督教文明相媲美的世界文明之一；第二，儒家思想的核心在于人性与和谐，带有了宗教性的色彩，且尤为注重利用艺术来提高人的人文修养，强调人的道德品格；第三，中国北方的风土决定了北方人的生活意趣与人文性格，形成了以儒学为核心的思想观念。这一学说的目的在于教导人们遵循以道德为基础的准则，遵循以秩序为内涵的生活，强调集体主义和人文主义的体制模式与存在方式。

相较而言，针对老庄思想与长江流域的风土文化，冈仓天心首先就摒弃"黄河流域"是中国文明唯一的发祥地的既有观念，强调长江流域、老庄思想具有"文明起源"的内涵。不仅如此，围绕老庄思想之中的"对大自然的炽热赞美"，"对自由的热爱，对张扬自我的讴歌"[1]的精神，冈仓天心也予以褒扬，并指出这一思想正是中国融汇佛教文化，乃至外来文化的思想基础。并且，南方人带有一种"自由、复杂的天性"，南方文化完全不同于"儒家著作之中的枯燥、乏味的行为准则"之说教，而是洋溢着一种个人主义的思想，带有"奇妙的想象"，奠定美学领域或者审美理想的基础，形成中国人最为普遍的"处世之术"。[2]

3.2 美学艺术的考察

冈仓天心的中国文化风土的考察，既是基于自身的中国体验，尤其是北方与南方的风土之考察，同时也是来自传统汉学的底蕴，乃至现代文明观念的影响。在这样的考察之中，冈仓天心将北方与南方进行比较性的研究，阐述各自不同的风土形成各自不同的文化特征、人文性格，乃至思想流派的问题，具有深刻的理论意义，同时也开启了中国研究的新视角或者新领域。

不过在此，亦必须指出冈仓天心的中国考察，事实上是以中国美学艺术的考察为背景而展开的。美学艺术考察是冈仓天心的本职工作——不管是受日本政府委派还是受美国波士顿美术馆的要求，同时也是冈仓天心毕生从事

---

[1] 冈仓天心. 中国的美术及其他 [M]. 蔡春华译. 北京：中华书局，2009：28.
[2] 冈仓天心. 中国的美术及其他 [M]. 蔡春华译. 北京：中华书局，2009：122，118.

的重要事业。就此而言，美学艺术考察可以让我们进一步深入到冈仓天心的文化论之中，了解冈仓天心中国考察所展现出来的文化意识与东方观念。

3.2.1 中国美术的考察

针对"日本的原始艺术"，冈仓天心指出："如果我们的文明缺少了这一时期汉文化的影响，或之后到来的佛教的影响，我们将难以想象日本的艺术将会如何。"大和时期汉文化的传入，是日本文化史上的大事件，同时也象征着日本文化的转型。换言之，冈仓天心之所以提起中国美术，是站在自身美术文化的根源这一立场来加以阐述的。

3.2.1.1 东洋与西洋

冈仓天心围绕中国美术的考察，首先是站在东洋与西洋的立场之下来进行的。冈仓天心提到："秉承写实主义的伦勃朗，其创作手法是多样化的；透纳的带着理想主义色彩的风景画，则完全的贴近自然。佛兰德斯派的画家因忠实的画风而被称为写实主义；中国人的风景画因为富于灵性，所以不能不被称为理想主义"。也就是说，中国绘画的思想根源在于理想主义，这一点源自于中国的"富于灵性"的本质追求，亦是中国绘画不同于西方的根本之所在。不仅如此，冈仓天心还提到："艺术即使发展到它的最高阶段，也往往表现出自古以来就有的理想的、浪漫的、写实的形态。"① 换言之，尽管艺术的表现各自不同，艺术的定义大相径庭，但是，艺术家的绘画大多带有象征的色彩，充满真理。这样的象征或者真理，在冈仓天心的眼中，就是"理想的、浪漫的、写实的形态"。

其次，这种追求的根源究竟在于何处？对此，冈仓天心提示"自然"这一概念，认为"东洋与西洋的自然观截然不同"。为了进一步地诠释，冈仓天心用伯乐寻马和肖像画的边缘化这两个例子加以佐证。伯乐寻马的故事告诉我们，"真理隐藏在外观之内。普通人无法洞悉外观，只能辨别马的毛色、雌雄，但不能看出它是不是快马。真正的知识就是这样，能深入到事物的深奥之处。表现真理的艺术即致力于把握事物的内在精神"。与西方不同，"在

---

① 冈仓天心. 中国的美术及其他 [M]. 蔡春华译. 北京：中华书局，2009：158.

东洋美术里,肖像画从未有占据显著地位的先例。为什么一定要让这一情欲与低级欲望的摇篮、如巢穴般转瞬即逝的存在,以不朽的形式留存下来?东洋人不像希腊人那样,赋予身体以荣光,向以神的姿态出现的人体奉献特别的敬意。裸体完全不能引发人的兴趣。……重要的不是树枝或树叶,而是存在于整个自然界中的、在这些外在的树木形态里流淌着的、为获取更高成就而努力的生命的喜悦。东洋的艺术家只从自然界里攫取它的精髓。他们并不把所有的细部都纳入到绘画中,他们只选择自己认为最重要的东西。所以,他们的作品不是对自然的模仿,而是对自然的探求"。① 因此,冈仓天心指出,就东洋人而言,外形是隐藏真理的假面具,唯有自然才能体现事物的内在精神,"艺术要体现出真理,则需要致力于把握事物的内在精神"。因此,"东洋的艺术家只从自然界攫取它的精髓",只选择自己认为最重要的东西,"他们的作品不是对自然的模仿,而是对自然的探求"。②

最后,如果说"东洋艺术更具绘画的意味,而西洋艺术则更具雕刻的意味;东洋艺术是线条的艺术,而西洋艺术则对表现造型更感兴趣;东洋艺术表现的是二元的艺术,而西洋艺术表现的是三元的艺术"。所谓"二元的艺术",冈仓天心指出:"虽然东洋自宋朝以来就开始运用墨的浓淡配合,使绘画具有超乎平面的意味,但东洋艺术起源于线条则是真理。……象形文字在中国被广泛使用,它的表意文字带有绘画的意味,而它的绘画也带有书法的意味。……即便到现在,最上层的书法作为纯粹的线条的音乐,在东洋艺术的种类中还是处于最高的地位。……用线条来描绘,这种二元的表现手法并不只局限于中国和日本,这是整个亚洲艺术的特色。"③ 通过这样的对比性的表述,冈仓天心树立起有别于西洋艺术的东洋艺术的独特价值。东方艺术的追求,更多的是尝试体现出一种隐逸的抽象美,尤其是接近于自然的一种感受。在这样的感受之中,"风景"就是画家"自身的一部分",绘画也就成为"一种与自然的嬉戏"。④

---

① 冈仓天心. 中国的美术及其他 [M]. 蔡春华译. 北京:中华书局,2009:160-161.
② 冈仓天心. 中国的美术及其他 [M]. 蔡春华译. 北京:中华书局,2009:159-162.
③ 冈仓天心. 中国的美术及其他 [M]. 蔡春华译. 北京:中华书局,2009:163-164.
④ 冈仓天心. 中国的美术及其他 [M]. 蔡春华译. 北京:中华书局,2009:163,167.

3.2.1.2 中国美术批评

站在这样的东西文明比较的视角，冈仓天心勾勒出中国美术史的内涵，指出自原始艺术到秦汉时期中国美术庄重典雅，具有一成不变的性质；唐朝以来，美术强调形式与心境的统一，"温雅而不失巧致"，蔚为大观；宋代以后艺术面貌焕然一新，"捕捉事物之变，巧夺天然之奇致，立意清高，意匠幽远，富有东洋艺术之特色"。① 在此，冈仓天心回顾中国美术的璀璨历史，提到顾恺之、张僧繇为代表的一系列中国画派人物，介绍胡瓌《胡人下马图》、周文炬《端午戏婴图》、顾德谦《文姬归汉图》、范宽《雪山古寺图》等一批传世之作，② 并重点介绍宋徽宗《捣练图》、王振鹏《佛画》、仇英《听琴图》的创作技法，高度赞美他们独具匠心的构图、"白描"的黑白对比技法以及充满力道与线条的表现力。

具体而言，冈仓天心首先提到宋代董源落款的《山水图》画卷。作为宋代山水画风格的确立者，董源在中国绘画史上占有重要的地位。或许是受到佛教绘画的影响，董源与其说注重的是明暗或大气，不如说是注重用线条或色彩，来描绘长江流域的风景。与此同时，冈仓天心还提到宋徽宗的精湛创作。宋徽宗是宋朝衰退时期的统治者，后来成为金人的俘虏，在异乡终其一生。《捣练图》描绘的是妇女们或用捣衣棒敲打，或用火熨斗熨烫，制作出丝绸的场景，其构图与画面表现具有十足的宋代感觉。因此，冈仓天心高度评价宋徽宗乃是"画家中的翘楚"。不仅如此，冈仓天心还提到王振鹏的《佛画》、仇英的《听琴图》、明代作品《布袋图》③，指出宋代绘画的影响源远流长，具有线条优美、感情纤细的美感。

针对中国美术的评价方法与批评历史，冈仓天心应该说是第一个向西方介绍谢赫的人物。他指出是谢赫最早确立完整的绘画标准，还介绍谢赫提出的"绘画六法"与艺术批评，提示谢赫的标准对于后世的影响。按照冈仓天心的描述，中国古代针对画家的等级分类为：神品级、理想级、能品级。第

---

① 冈仓天心. 中国的美术及其他 [M]. 蔡春华译. 北京：中华书局，2009：218 – 219.
② 冈仓天心. 中国的美术及其他 [M]. 蔡春华译. 北京：中华书局，2009：189.
③ 冈仓天心. 中国的美术及其他 [M]. 蔡春华译. 北京：中华书局，2009：189 – 192.

一等级的被称为"神品级"画家，是指那些不带任何人为努力痕迹、随心作画而不受束缚，并且往往也没有逾越规范的真正天才。第二等级的被称为"理想级"画家。他们能通过绘画传达出自身的理想。这一等级的画家虽然谈不上能像第一等级的画家那样出神入化，但是他们能抵达人力所能及的最高境界。第三等级的被称为"能品级"画家。这一等级由大师们组成。他们能创造出代表他们的最高才华的杰出作品。冈仓天心还指出，自唐朝开始，中国就开始编撰规制严整的记录艺术品的书籍，从而为后世的艺术批评提供样本。

不过，针对中国艺术批评的问题，冈仓天心也毫不忌讳地提出自身的认识。冈仓天心认为，第一，中国考古学的最大障碍，就是儒教观念制约了艺术。就儒学立场而言，绘画只是出于道德教化之需要。绘画的存在目的在于道德说教，艺术批评不过是学识的余德或者余技。具体而言，在儒教的价值体系下，"所有不适用于道德训诫的东西都是错的，都是不适宜的。不致力于劝导道德方面的善行，这样的绘画雕刻是被否定的。纯粹只为鉴赏的绘画则被认为是罪恶的"。一言以蔽之，艺术批评被中国传统文人当成学识的余德或余技。第二，中国艺术批评的障碍在于忽视了宗教艺术，不再理会禅的艺术，佛教艺术的所有领域被排斥在艺术批评之外。第三，过于尊崇传统观念，大多采取正统论的立场，殊少逾越标准。冈仓天心认为，"中国人在任何方面都非常保守，学问上尤其如此。一旦古代的某一位著述者确立了一种标准，任何人都很难再逾越这种标准，所以著述者们一般都采纳正统派的结论。因此，作为学者，在某事物的历来见解之外，要接受更广范围内的见解可以说是完全不可能的"。另外，中国人收藏艺术品的方法也有局限，换言之，也就是避免公开藏品，无法展开艺术批评。"中国人这样密藏艺术品，是为了防止藏品被掠夺，即防止藏品被皇帝、政府官员等强行夺走。……因此，研究者要接近中国人的藏品是非常困难的。"[1] 对此，冈仓天心不得不感慨地提出："我们衷心希望能得到中国本土收藏家的协助，让世界得以重新

---

[1] 冈仓天心. 中国的美术及其他[M]. 蔡春华译. 北京：中华书局，2009：134-137.

看到早期的中国绘画的伟大。"①

审视冈仓天心对于中国美术的考察，或许我们也可以归纳出一大特征，就是冈仓天心尤为重视佛教艺术。之所以如此，按照冈仓天心的理解，佛教艺术代表了东方的一种宗教主义色彩，乃是日本文化得以衍生与发展的重要源泉——"日本的艺术是与佛教的输入一道兴起的"。② 也就是说，中国美术的考察固然重要，但是这样的考察并不足以完整地阐述日本的美术性格，完整地阐述现代日本人的艺术追求。进而言之，对冈仓天心来说，对于中国美术的考察，不过是为了阐述日本艺术来源而已。

3.2.2 镜子的考察

根据对于《冈仓天心1906—1907年在华所购美术品一览》的研究，冈仓天心第二次访问中国之际，收购了无数上至汉代、下至清代的镜子。③ 应该说，"镜子"构成了冈仓天心中国考察的重要内容。以《中国与日本的镜子》为例，冈仓天心针对"镜子"的考察侧重在两个方面：一是镜子的功能；二是镜子的样式。

3.2.2.1 镜子的功能

首先，围绕镜子的功能，冈仓天心指出，"镜子最主要的用途就是帮助人装束打扮"。就此而言，镜子带有"美"的理念与内涵。

冈仓天心提到中国最早的记载：镜子作为王朝间的进贡之物，带有"装饰品"内涵，象征着世俗性王权与富有。事实上，中国皇帝喜好戴镶着镜子的王冠。唐朝一个皇帝在自己起居室的墙壁上挂满了镜子，并因此而耗费了不少时间照镜子。不仅中国如此，日本凤凰堂对于镜子的使用则更具有建筑意义，不少小镜子被镶嵌在天花板的横梁之上，这使整个殿堂的装饰显得很亮堂，光线充足。④ 就此而言，镜子首先体现出一种"装饰品"的功能。

其次，冈仓天心还提到中国"破镜重圆"的故事，提到镜子乃是"女性

---

① 冈仓天心.中国的美术及其他［M］.蔡春华译.北京：中华书局，2009：188.
② 冈仓天心.中国的美术及其他［M］.蔡春华译.北京：中华书局，2009：138.
③ 冈仓天心.中国的美术及其他［M］.蔡春华译.北京：中华书局，2009：271-272.
④ 冈仓天心.中国的美术及其他［M］.蔡春华译.北京：中华书局，2009：170.

的精神的象征，它神秘地象征着纯洁"。① 这一故事来源于唐孟棨《本事诗·情感》载：南朝陈太子舍人徐德言与妻乐昌公主恐国破后两人不能相保，因破一铜镜，各执其半，约于他年正月望日卖破镜于都市，冀得相见。后陈亡，公主没入越国公杨素家。德言依期至京，见有苍头卖半镜，出其半相合。德言题诗云："镜与人俱去，镜归人不归；无复嫦娥影，空留明月辉。"公主得诗，悲泣不食。素知之，即召德言，以公主还之，偕归江南终老。后世因以"破镜重圆"喻夫妻离散或决裂后重又团聚或和好。

不仅如此，冈仓天心还提到中国人的"以镜鉴人"的照镜法，强调其在贯彻儒教"礼"的思想上被视为非常重要的一环。冈仓天心指出：（这样的）"思考方法被进一步升华，即懂得自己将何以面对这一人世，这多少都会让人看清自己的内心世界。而且，这是在净化自己的灵魂，即向锤炼内在的自我迈进了一步。"换言之，镜子代表了中国的权威、礼法、伦常，是中国文化的象征之物。

与中国不同，冈仓天心指出，这样的"中国式的"象征意义在日本得到进一步发展，镜、玉与剑成为日本皇室的三大宝器，这之中，镜子因曾经照射过皇帝的祖先神——太阳女神而尤显神圣。镜子被赋予了世俗王权或者超越了它的、日本神道的宗教象征。这样的一种象征意义，预示着镜子的第二个用途：祛除疾病。

冈仓天心提到，道士们为了避开恶魔保护自己，将镜子背在背上；死去的人的胸前，也经常放上一面镜子，人们相信恶灵借此会在镜中看见自己，从而自取灭亡。② 为此，冈仓天心举例指出："为了使镜子被赋予的宗教象征内涵更加确凿无疑，与神道合为一体的佛教的一个宗派，其在山野修行的僧侣们常用凿子在镜子的表面刻上佛像。……这之后，镜子的表面就出现了广为人知的'悬佛'，它看上去就像是把肌理丰满的立体佛像嵌在镜面上一样。"③ 这样一来，镜子也就带有超越生死、驱魔求道的宗教情结，也就成为东方宗教的文化象征。

---

① 冈仓天心．中国的美术及其他［M］．蔡春华译．北京：中华书局，2009：170-171.
② 冈仓天心．中国的美术及其他［M］．蔡春华译．北京：中华书局，2009：171-172.
③ 冈仓天心．中国的美术及其他［M］．蔡春华译．北京：中华书局，2009：171.

3.2.2.2 镜子的样式

根据历史考古的发现，冈仓天心指出：秦代与汉代（公元前221—公元220年）的镜子大多为圆形，背面正中嵌着圆钮，这样的装饰纹样代表中国古典艺术的纯粹样式。六朝时期（265—618年）是中国艺术进入第二次大繁荣时代的过渡期。在这一时期，汉代的样式尽管仍然残存了下来，但是与之前的艺术已迥然有别，构思更显自由。至唐代（618—907年），铜镜的构思更加自由，细部更为精巧，经常用镶嵌手法嵌入金、银与夜光贝。进入宋代（960—1279年），铜镜较之过去开始更加薄，浮雕突起非常浅，四角形或者由四角形变形而成的铜镜成为时代的新潮流。元代和明代（1279—1644年），则是铜镜制作的衰退期，这一时期的艺术构思欠缺洗练，铸造比较粗糙，偶尔出现力作，"铜镜曾有的辉煌日子至此已临近终结"。[①]

接下来，冈仓天心就镜子进行了具体描述：

图1　铜镜（秦朝） 　　　　　　**图2　铜镜（汉朝）**

图1是秦朝或者大概更早一些年代的铜镜。以圆钮为中心，有三个同心圆，由两条突出的与铜镜的外缘相同的圆细带区分出清晰的界限。最里面的同心圆内的纹样是两条纽纹拧在一起，中间的同心圆内是叶状纹样的简单的反复相连，最外侧的同心圆内分布着12条相互缠绕着的、高度形式化的龙，整体的布局效仿的是当时玉器雕刻的样式。

---

① 冈仓天心. 中国的美术及其他 [M]. 蔡春华译. 北京：中华书局，2009：174-178.

图2大概是汉代的尚方在皇室御用的铸造所制作的铜镜。铜镜正中有一个大纽,外为三个圆形环带。最外面的圆形环带有和缓的内向倾斜面,比里面的圆形环带高。最里面的圆形环带与中间的圆形环带之间的水平分界线的两侧,以及最外面的圆形环带的斜面里侧,都排列着如同光的放射线一样的短线。最外面的圆形环带的斜面外侧,并列着向外的小三角形。两种叶状的形式化的纹饰重复交错四次。中间的圆形环带内均匀地嵌着七个小纽,七个小纽之间分布着七种不同的神像,即虎、龙、凤、鼉龙、神仙以及由龟与蛇组成的玄武。这七种神像先以上乘的技法描绘出来,而后铸为铜镜。最外面的圆形环带内有鱼、鸟等动物,纹样也高度形式化。

图3 铜镜(六朝) 　　　图4 铜镜(唐朝)

图3是在这一时期出现的"葡萄镜"。镜面由一圆形分界线分隔出两个圆区,铜镜的外缘非常厚,铜纽不圆,作为镜面正中的装饰纹样,与环绕着它的形如六头狮子的动物构成了一个完整的图案。这些狮子俯卧在葡萄枝中,葡萄串分别从内外圈的分界处、外圈的分界处垂下来。外圈交错分布着鸟与其他动物。整个镜面纹样表现出来自西亚的影响,这是汉代初期以来渐次推进的对外交流与贸易的结果。

图4为菱花形的唐代铜镜,镜面分为两个区域。中央区为较大的圆,铜纽形如狮子,铜纽和围绕在它周边的装饰物构成了一个完整的图案。铜纽的四周对称地分布着两只孔雀,以及两对头部互相依偎在一起的、象征着爱的鸟。铜镜的边缘有力道强劲的水平分界线,外圈内规则地交错分布着鸟和花草,花草上停留着蝴蝶。

图 5　铜镜（唐朝）　　　　图 6　铜镜（宋朝）

图 5 为各角都成圆形的八角大铜镜。铜纽被制成圆形。中间的大图案对称地分布着两只飞翔于云朵之上的凤凰，以及读音为"千秋"的代表着长寿的纹饰。铜镜的边缘有较宽的分界线，外圈内的图案为形式化的云朵、莲花以及其他宝物等。

图 6 为宋代铜镜的一种。镜纽很小，镜缘极为讲究。铜镜的整个背面完全没有纹饰。纽座为包含镜纽在内的表面朝下的向下的浮雕。相同的四株开着牡丹花的花枝优雅地分布在纽座的四周。①

中国青铜镜的历史可以追溯至秦代，但是，这样一个"器物"的历史到宋代之后逐渐走向终结，也象征着中国文化的"意蕴"逐渐走向衰退。就此而言，器物的衰退与文明的不再保持同一的步伐，也构成冈仓天心的中国器物考察与中国文化考察的彼此一致的深刻内涵。"镜子"作为文化的器物、文明的象征走向终结，同时也意味着"镜子"的功能开始走向衰退，也就象征着中国的"权威、礼法、伦常"走向崩溃，中国的封建社会将会出现一个巨大的"断裂"。

3.2.3　茶道的考察

《茶书》（*The Book of Tea*，1906 年）是冈仓天心依据在美国波士顿美术馆所进行的系列演讲而编辑成的一部著作。该书第一章的标题为"*The Cup of*

---

①　冈仓天心. 中国的美术及其他［M］. 蔡春华译. 北京：中华书局，2009：174－177.

Humanity"（人性之碗），也就是将"茶"与"人性"（humanity）结合在一起来进行探讨。在此，我们或许可以联想到之前冈仓天心阐述孔子时所使用的"人性"这一概念。不过，冈仓天心在此所谓的"人性"，并不是局限在作为儒学者的孔子，而是站在"东洋民主主义真髓"的立场来描述"茶"的精神。①

首先，冈仓天心阐述茶道为何。他指出："茶最初被当做药材，之后才变为饮料。在8世纪的中国，茶作为一种优雅的享乐甚至浸润到了诗歌的领域。到15世纪，茶在日本作为一种具有审美性的宗教而被提升为茶道。所谓茶道，即在俗事纷扰的日常生活中，以崇拜美为基础的一种仪式。"② 在此，冈仓天心提到作为"药材"的茶、作为"饮料"的茶、作为"享乐"的茶与作为"道"的茶，同时也将中国的"茶"与日本的"茶道"进行划分。

就冈仓天心而言，中国的"茶"乃是一种优雅的享乐，是个人主义的体现之一，与之不同，日本的茶道注重审美性，"强调纯洁与和谐、神秘的互爱"、浪漫的情调，茶道的本质就是崇拜"不圆满"，以"不圆满"的现实认同为基础，由此来激发我们去追求自身的可能性，探讨一种将自我包容在一起的"大圆满"。因此，茶道不是单纯的审美主义，而是融合伦理与宗教的自我形成的过程。③

其次，冈仓天心论述茶的流派与历史。按照冈仓天心的理解，茶的发展经历淹茶、抹茶、煎茶三大时期。唐朝陆羽撰写《茶经》，系统地论述茶道，使茶的精神走向理想化。唐朝流行淹茶、宋代流行抹茶，但是，蒙古族的入侵使宋代文化被尽数破坏。因此，就中国人而言，"茶是美味的饮料，而并非理想"。不过，至15世纪，饮茶在日本发展为了茶道，成为一种真正的参禅形式，由此将"茶的理想推向极致"。换言之，茶只有到了日本，才成为真正的茶道，成为人生的一种理想。对于这样的理想，冈仓天心表述为："没有一丝扰乱茶室色调的色彩，没有一点破坏事务韵律的声响，没有任何

---

① 笠井哲. 岡倉天心『茶の本』における世界観——東西思想の融合. 福島工業高等専門学校研究紀要（47），2006：84.
② 冈仓天心. 中国的美术及其他 [M]. 蔡春华译. 北京：中华书局，2009：97.
③ 冈仓天心. 中国的美术及其他 [M]. 蔡春华译. 北京：中华书局，2009：97.

破坏和谐的举动,没有丝毫破坏四周统一的言语,一切动作理应如此朴素而自然——这才是茶道的目的。"①

最后,茶道思想的渊源究竟来自何处?对此,冈仓天心提到"禅"的信念:"从事物之间伟大的关联来看,不存在大小的差别,即便是一个原子,也具有与宇宙对等的可能性。追求极致的人,必须能发现自身生活中的精神领域的反映。……承认人生里细小事情的伟大,茶道的所有理想就是从这一禅的思想中产生的,道教为审美理想奠定了基础,禅则将其付诸实践。"在此,冈仓天心将道教、禅宗与茶联系在一起,为茶的思想源泉进行理论阐述。道教与禅宗之所以可以联系在一起,无疑有赖于之前论述的南方中国的"个人主义"精神,该精神为中国接受禅宗提供了可能。

那么,是否道教思想只是一个影子般的存在,只是禅宗直接影响到"茶"的精神?事实上,中国佛僧坐禅饮茶的文字记载,可以追溯到晋代。根据《晋书·艺术传》记载,敦煌人单道开"时复饮茶苏一二升而已"。唐代陆羽所撰《茶经》中记载的"煎茶法",即源于丛林——佛教僧众聚居之所。唐代封演《封氏闻见记》记载:"开元中,泰山灵岩寺有降魔禅师大兴禅教,学禅,务于不寐,又不夕食,皆许其饮茶。人自怀夹,到处煮饮。从此转相仿效,遂成风俗。"终使僧人饮茶成风,乃至"唯茶是求"之境地。

冈仓天心并非不了解这样的历史事实,但是为什么要刻意地突出茶道与禅宗的内在关联?或许,这一问题的解答就在于只有日本才"首次将茶的理想推向极致"这一论断。日本击退蒙古,"中国因为游牧民族的入侵而被残忍地切断了的宋代文化运动因而在日本得以继续进行"。② 换言之,中国代表"茶道"精神的过去,只有日本才继承下来,并将之加以完成,且到了近代更有可能将之推广到整个世界。冈仓天心的文化活动与茶道宣传,应该说正是这一论断的有力证明。

通过对冈仓天心的中国美学艺术考察的梳理,我们不难发现,在冈仓天心的认识之中,中国的文明确实经历了历史与风土的变迁,经历了辉煌与衰

---

① 冈仓天心. 中国的美术及其他 [M]. 蔡春华译. 北京:中华书局,2009:111-113.
② 冈仓天心. 中国的美术及其他 [M]. 蔡春华译. 北京:中华书局,2009:112.

第三章　作为中国文明观察者的冈仓天心

败的轮回，但是以汉民族为主体的中国的文明却止步于宋朝，自异族入侵的元朝开始走向衰落。

中国美术在唐代呈现出"江河一体之华"的灿烂景象，然而"汉食周之末而肥，明则只消化吸收唐宋，于推进发展上鲜见价值，元、清则实为唐宋之余影而已"。① 中国的镜子亦是唐朝构思自由，细部精巧；然而自元代就进入了衰退期，"铜镜曾有的辉煌日子至此已临近终结"。即便是茶道考察，亦是这样一个盛极而衰的转变过程，冈仓天心赞许唐宋时期的煎茶与抹茶，然后指出进入元朝茶道沦为饮料，而不再是理想的存在。

冈仓天心抱着什么样的目的展开这样的叙述逻辑？正如冈仓天心自身所指出的，"虽然日本美术曾经接受过中国的影响，但她却能奇妙地加以改变，使之脱胎换骨，这足以证明日本美术有其自身独具的特色"，②"日本继承并发扬茶道，并将'茶的理想推向极致'"。③ 不言而喻，日本才是冈仓天心试图论述、尝试论证的一个对象。也就是说，中国代表的是亚洲美学艺术的过去，日本才是传统的继承者，担负着引领亚洲文明的责任。

3.3　中国文明考察的批评

通过梳理冈仓天心的中国文化风土的考察，可以清晰地认识到中国北方与南方之间的迥然差异，就此形成中国文化的南北格局。但是，冈仓天心并非就此认为中国文化始终是保持着一种南北的分裂状态，正如"分久必合、合久必分"的箴言所示，冈仓天心也间或提到了中国文明的统一。

中国政治的统一，首先体现在了秦朝。冈仓天心提到："这一古代帝国修筑了驰道、长城等设施，设置了与波斯的太守管区相类似的地方郡、县政府机构，首次推行了全国统一的文字。更为确切地说，正是通过这些行政措施的抉择，他们建立了一个强大的统一国家。"这样一个表述，意味着中国古代分崩离析的各个政治体实现了最终的统一，意味着中国文化走向了统一

---

① 冈仓天心. 中国的美术及其他 [M]. 蔡春华译. 北京：中华书局，2009：219.
② 冈仓天心. 中国的美术及其他 [M]. 蔡春华译. 北京：中华书局，2009：247.
③ 冈仓天心. 中国的美术及其他 [M]. 蔡春华译. 北京：中华书局，2009：112.

的黎明。但是，冈仓天心对于建立巨大功绩的秦始皇却并未加以赞美，而是借助"焚书"事件批判秦始皇是一个"暴君"，残酷地压制着"政治上的思想自由"。①

政治的统一并不意味着文化的统一，就冈仓天心而言，他认为中国文化的统一出现在唐代，也就是"唐代文化为江、河一体之华"，构成中华文化的主体。也就是说，唐代文化凝聚黄河文明与长江文明，汇聚两种艺术文化的精粹。"唐代名家之大作，温雅而不失巧致，格律工整且宏达辉煌，于中国大概可谓前无古人后无来者。"唐代艺术之画圣吴道子，"富于雕刻风格的绘画被推向极致，雕刻之精妙也堪称古今独步"。②

不过同时，他亦提到蒙古入侵的元朝。中国无论是南方还是北方，皆陷入"萎靡"的状态，即便是明朝永乐天子"强行迁都燕京"，所谓"天子守国门"，但是"也不足以激发河边人民的遗力"。"国家观念"极为淡薄，走向末路。③ 换言之，中国的文化风土处在一个"分合"的状态之下，潜在地流露出一种分割、断裂的格局。

那么，为什么冈仓天心要强调这样的一个格局呢？笔者认为，首先是基于冈仓天心的中国整体认识。冈仓天心曾经提到"在中国、无中国"；还提到"在中国的国内，不存在中国的共性"；同时还针对孔子所谓的"一以贯之"的思想，提到"不存在一以贯之的中国，所以说'中国无共性'。"④ 也就是说，中国是一个无法把握的、具备多样性的"异域"，是一个无法站在日本单一民族国家观念来把握的"他者"。

为论证这一点，冈仓天心提到中国方言无数，无论是满、汉、蒙古、回、藏的多民族语言，还是所谓的"河边语""江边语"，中国语言之间的最大问题就在于"互不通用"。由此，也就带来文化的差异，带来"异心异性的人民彼此相互猜忌嫌恶"的局面。对此，冈仓天心指出："没有语言的统一，

---

① 冈仓天心.中国的美术及其他 [M].蔡春华译.北京：中华书局，2009：22.
② 冈仓天心.中国的美术及其他 [M].蔡春华译.北京：中华书局，2009：218.
③ 冈仓天心.中国的美术及其他 [M].蔡春华译.北京：中华书局，2009：218-219.
④ 冈仓天心.中国的美术及其他 [M].蔡春华译.北京：中华书局，2009：232-233，241.

绝不会有国家'国性'的统一。"① 换言之，中国缺乏"国性"，缺乏统一的意识或者观念。这样的地域与日本不同，与欧洲不同，中国可以说并不是一个西方或者欧洲意义下的"国家"，而是一个不同基准下的"异域"，由此也就成为日本或者西方视野下的文化"他者"。

冈仓天心之所以将中国文化加以"异类化""他者化"，笔者认为一个根本目的就在于打消日本人崇拜中国的观念。恰如冈仓天心的演讲《探究中国美术的端绪》所阐述，"日本的美术与中国"存在巨大的差异，这绝不是什么"耻辱"之事。事实上，日本人一直致力于摆脱中国文化的影响，尝试与中国展开平等、独立的对话，但是，无论是回顾历史还是兼顾现实，日本人的文化意识中始终存在一种"耻辱"的感觉。这样的问题，事实上并不只是针对中国，即便是到如今，针对外部的"美国"，日本人亦是如此。

与这样的贬斥不同，冈仓天心也最大限度地阐述日本的进步与价值。这样的宣扬之本意，正如他所提到的："自古以来的日本人过于赞誉中国，尤其是对中国的文章的崇信，坚信中国的事物都如文章里所描绘的那样华美、秀丽与高雅。"故而才会"如此超乎寻常地褒扬中国，尊崇中国"，不过由此，日本人才会"益发奋进，力图超越中国，与中国竞争"。换言之，考察中国、认识中国，就是为了超越中国，与中国竞争。冈仓天心中国文明考察的根本目的，亦在于此。

概言之，冈仓天心的中国文明考察，应该说是基于东洋与西洋的宏大背景而展开的文明探索之旅。在这样的探索之中，传统中国的光与影时而闪现；现实中国的残与缺历历在目。一方面，冈仓天心留下"中原毕竟是荒原"的感慨；另一方面，则滋生了冈仓天心与中国竞争、超越中国的信心："日本美术将来必能有其独立的地位……日本的美术原本就不是中国美术的一条支脉或一个流派……日本美术虽然过去取自中国之处众多，但是其自身固有的美术精华，却存在于中国之外。……（故而日本）能奇妙地加以改变，使之脱胎换骨。"② 在此，冈仓天心通过文明的考察，仿佛"实证性"地割断中国

---

① 冈仓天心. 中国的美术及其他 [M]. 蔡春华译. 北京：中华书局，2009：238.
② 冈仓天心. 中国的美术及其他 [M]. 蔡春华译. 北京：中华书局，2009：247.

文明与日本文明之间的传承纽带，树立起日本式且独立于中国之外的独特性格。在这样的形成过程之中，日本吸收并改变外来的文化，创造更新的璀璨文明。总之，日本美术的特色、日本文化的特质也就体现在这样的改变、这样的脱胎换骨之中。

探讨日本与中国、与东方进行文化性的"切割"，是日本现代化进程之中必须逾越的一道鸿沟。审视日本现代化的历史，福泽谕吉所提倡的"脱亚入欧"就代表这一潮流。冈仓天心尽管没有提倡"脱亚入欧"，却依循"脱离中国""脱离儒学"的基本范畴，通过强调中国的他者性，从而力图树立起日本自身的文化主体意识，这一观念，亦将中国与日本置于二元对立的框架之下。就此而言，这一框架不过是"东洋与西洋"的二元框架的一个延续，同时亦是禁锢现代日本知识分子的思想的一道陷阱。

小 结

本章节通过分析冈仓天心的中国考察，尝试揭示隐藏其后的"作为方法的中国"的认识理论，主要以中国南北文化风土的考察、中国美学艺术的考察为对象加以论述。

针对中国南北文化风土的考察，冈仓天心首先摒弃"黄河流域"是中国文明唯一发祥地的既有观念，将中国划分为北方与南方的二元格局，指出南方、北方在文化地貌、生活意趣、语言等方面的迥然差异，从而推导出"中国无共性""在中国无中国"等结论。究其意图，也就是站在现代国家的立场上，否定中国作为现代国家的正当性，力图打消日本人对中国人的"偶像崇拜"。

针对中国美学艺术，冈仓天心以美术、镜子和茶道为对象，指出：中国美术在唐代呈现出"江河一体之华"的灿烂景象，然而"汉食周之末而肥，明则只消化吸收唐宋，于推进发展上鲜见价值，元、清则实为唐宋之余影而已"。[①] 中国的镜子亦是唐朝构思自由，细部精巧；然而自元代就进入衰退

---

① 冈仓天心. 中国的美术及其他 [M]. 蔡春华译. 北京：中华书局，2009：219.

期，"铜镜曾有的辉煌日子至此已临近终结"。即便是茶道考察，亦是这样一个盛极而衰的转变过程，冈仓天心赞许唐宋时期的煎茶与抹茶，然后指出进入元朝后茶道沦为饮料，而不再是理想的存在。

冈仓天心究竟抱着什么样的目的展开这样的叙述逻辑？正如冈仓天心自己所指出的，"虽然日本美术曾经接受过中国的影响，但她却能奇妙地加以改变，使之脱胎换骨，这足以证明日本美术有其自身独具的特色"，[①] "日本继承并发扬茶道，并将'茶的理想推向极致'"。[②] 不言而喻，日本才是冈仓天心试图论述的真正对象，是亚洲传统的继承者，担负着引领亚洲文明的责任。

概言之，本章节通过解构冈仓天心的中国文明考察，试图揭示冈仓天心"为了日本"的根本目的和动机。无论是基于儒教政治、老庄思想的文化风土考察，还是基于美术、镜子和茶道的中国美学艺术考察，在冈仓天心的笔下，中国皆是亚洲文明的过去，日本才是亚洲文明的传承者。换言之，中国只代表文明的过去，日本不仅是亚洲文明的"储藏库"，更是亚洲文明的未来。在这一话语的背后，亦展现出冈仓天心在"日本与中国"结构下的权利选择，显示出日本知识分子以中国为工具，彰扬了日本历史价值与现代意义的根本目的。

---

① 冈仓天心．中国的美术及其他［M］．蔡春华译．北京：中华书局，2009：247.
② 冈仓天心．中国的美术及其他［M］．蔡春华译．北京：中华书局，2009：112.

第四章　作为亚洲诠释者的冈仓天心

第四章 作为亚洲诠释者的冈仓天心

冈仓天心不仅是明治时代著名的思想家、美术史家,同时还是一位对于同时代的青年,乃至后世之人"具有了不小影响力的文化指导者"。[①] 这样的影响力带有双重的性格,正如竹内好所指出的,"天心是一位难以定论的思想家,在某种意义上说,又是一位危险的思想家。说他难以定论,因为他的思想包含着拒绝定型化的因素;说他危险,因为他的思想具有不断发射的放射能"。[②] 由此,我们可以发现冈仓天心思想评价之中所潜藏的一个"悖论"。

冈仓天心之所以被称为"文化的指导者",根源即在于其通过英国 John Murray 出版社出版的代表性英文著作——《东洋的理想》(*The Ideals of the East*,1903 年)。著作开篇冈仓天心就提出"Asia is one"。那么,冈仓天心究竟是如何提炼出这一主题,且这一主题具有什么样的文化内涵,我们应该如何来评价这样的文化内涵?在此,围绕这样的一系列问题,本书将逐步深入探讨,尝试勾勒出一个作为"亚洲"诠释者的冈仓天心形象。

4.1 近代日本知识分子眼中的东洋与西洋

东方与西方,或者说东洋与西洋,构成日本现代化过程中一道不可逾越的问题。肇始于1868年的明治维新积极倡导"殖产兴业、文明开化、富国强兵"三大口号,推动日本向西方式的现代化急剧转型。

[①] 大久保喬樹. 岡倉天心——驚異なる光に満ちた空虛 [M]. 東京:小沢書店,1987:44.
[②] 钱婉约. 从汉学到中国学 [M]. 北京:中华书局,2007:153.

日本的近代，可谓产生于西洋的冲击之中。当然在这种冲击来临之前，内在的近代意识已经萌芽。走向近代的日本精神之所以会沸腾起来，则可以说是依赖于西洋的冲击。日本的近代化通常被认为是"全盘西洋化"的一元文明道路。然而，这绝非是一条单纯的直行道。西洋的冲击让日本人自觉到日本人的意识，对他们来说，西洋化走到极致，就是一条贯彻日本政治、实现精神独立的手段。因此，不管日本人是否愿意，都必须学习西洋文化，皆不得不卷入一个世界性的潮流之中。这一时期，大部分日本人在不断学习西方，与此同时，也在抵抗各式各样的外在压力以守护自我，进而积极地主张自我的存在。①

日本文豪夏目漱石（1867—1916年）亦曾提到："推动日本现代开化的浪潮乃是西方的潮流，而要横渡这一浪潮的日本人又并非西方人，所以，每当新的浪潮席卷而来时，日本人总会像寄人篱下的食客一般无所适从，生涩而拘谨。"② 也就是说，面对西方现代浪潮的冲击，日本找不到自我的身份，只是陷入一种空虚、不满、不安的危机之中。正是这样一种危机的存在，也驱使着日本的知识分子出现断裂式的巨变。但是，作为东方的日本、作为亚洲人的日本人是否会心甘情愿地接受这样一个巨变呢？

4.1.1 福泽谕吉与"脱亚"

1885年3月16日，近代日本最大的思想家福泽谕吉（1834—1901年）以中日之间的朝鲜争端为背景，于《时事新报》发表著名的《脱亚论》一文。正如文章标题所示，这一时期日本开始走向"脱亚入欧"的现代化道路。也就是说，面对"究竟是东洋还是西洋"这一文化选择的困境，福泽谕吉提示一条"脱离亚洲"，迈步走向欧洲行列的现代化道路。

福泽谕吉指出："我日本之国土虽在亚洲之东边，其国民之精神既已脱离亚洲之固陋，转为西洋之文明。然不幸之处有近邻之国，一曰中国，一曰朝鲜。……（二国）论及教育之事则言儒教主义，学校教旨则称仁义礼

---

① 芳賀徹. 西洋の衝撃と日本［M］. 東京：東京大学出版会，1973：363.
② 青木保. 日本文化论的变迁［M］. 北京：中国青年出版社，2008：13.

智……毫无真理原则之知见……尚傲然无自省之念。……我辈视之……不出数年其必将亡国,其国土必将为世界文明诸国所分割。"① 也就是说,以儒教礼乐为传统的中国与朝鲜依然迷恋于古风旧习,缺乏真理之探索,不求改革之道以挽危局,其命运必将导致亡国。不仅如此,福泽谕吉还指出:"今日之中国、朝鲜对于我国不仅没有丝毫的帮助,而且西方文明人也会因为三国地利相接,或许会等同视之,以中国、朝鲜之评价来衡量我日本。……间接成为了我国外交上的一大障碍,可谓我日本之一大不幸。"也就是说,中国、朝鲜与日本一道构成西方人眼中的东亚,同样也就会令他们对于整个东亚抱有一致的认识。这样一来,实行文明开化的日本与故步自封、因循守旧的中国之间的"差异性",或者说东方社会的"文明与野蛮"的双重性格就容易被西方人所忽视,西方人就认识不到日本人与日本文明的独特性。

福泽谕吉之所以提出这样的论断,乃是基于其以西方文明为蓝本的世界文明三阶段说。根据其《文明论概略》(1875年)一书的著述,福泽谕吉认为:"如今论述世界文明,以欧罗巴诸国并亚米利加合众国为最上之文明国;土耳其、中国、日本等亚细亚诸国称半开之国;阿非利加及澳大利亚等为野蛮之国,以此名称为世界通论。"② 在此,中国被称为"半开之国"。事实上早在明治维新次年(1869年)出版的《世界国尽》中,福泽谕吉就提到中国原本是"自往古陶虞历经四千年,重仁义五常人情风厚也",但是却"落后于文明开化,风俗渐衰,不修德,不研知,以我而无外人",③ 即便是遭遇鸦片战争之惨败,中国人依旧愚昧无知,以羸弱之兵而妄开战事,导致败北,仍不予施行文明开化。由此,中国就成了自"半开之国"沦为"野蛮之国"的代表。不过,福泽谕吉的意图却不在于此,而是要强调日本不走中国的道路,要向西方学习,就可以自"半开之国"一跃而为"文明之国"。

面对"究竟是东洋还是西洋"的文化困境,日本知识分子也急剧地发生着转变,其最为突出的双重性特征在于具有敏锐的"开化性"和狭隘的"民

---

① 福沢諭吉. 福沢諭吉集[M]. 東京:筑摩書房,1975:511.
② 福沢諭吉. 文明論概略[M]. 東京:岩波書店,2009:25.
③ 福沢諭吉. 福沢諭吉集[M]. 東京:筑摩書房,1975:3.

族性"。① 这一点也最为直接地体现在《脱亚论》的结论之处。福泽谕吉指出："今日之为谋，我国不可犹豫于以等待邻国之开化而共振亚细亚，宁可脱其伍与西方之文明国家共进退。与中国、朝鲜之交往不可以其为邻国之故而予以特别之关怀，惟有依照西方人对他们之态度来对待他们，亲恶友者不可避免与之共恶友之名，吾要诚然谢绝亚洲东方之恶友也。"② 福泽谕吉将中国、朝鲜视之为近代化的"恶友"，指出日本开拓西方化的文明，必须摆脱传统的束缚，实行脱离亚洲的道路，这不过是一个近代文明的选择问题。但是，批判中国是"文明境外的无知之愚民"③，要按照"西方人对他们之态度来对待他们"，也就意味着日本要向西方学习，走上分割中国与朝鲜的殖民主义道路。

福泽谕吉"脱亚论"的实质，一方面在于脱离东方的专制与停滞，使日本走上西方化的道路，另一方面则是要颠覆中国文明的优越地位，使"进步"的日本成为东方文明的中心。这一实质的前提，也就是赋予西方文明以绝对的"天理人道"。在这一前提之背后，中国也就被描述为一个唯政治是从的一元社会国家，带有半开化半文明的停滞衰败、专制残酷、愚昧野蛮的一系列特征的落伍者，也就是黑格尔笔下的"反世界史"的东方形象。④ 而且，我们必须指出一点，即福泽谕吉事实上并不是直接地观察与审视"中国"本身，而是站在一个透过西方之镜的、反思日本传统的立场来看待中国。这样一来，即便是中国反对西方殖民主义的行动，在他而言也不过是一种"自不量力"的任性行为。因此，面对西方启蒙主义中内在的暴力性，福泽谕吉完全失去了一个公平公正、和平持中的态度。即便福泽谕吉的研究者丸山真男，也完全忽视了这样一个视角。⑤

4.1.2 德富苏峰与日本的"扩张"

发生于1894—1895年的中日甲午战争，应该说是近代东亚的重要事件，

---

① 陈秀武. 近代日本国家意识的形成 [M]. 北京：商务印书馆，2008：192.
② 福沢諭吉. 福沢諭吉集 [M]. 東京：筑摩書房，1975：512.
③ 子安宣邦. 东亚论：日本现代思想批判 [M]. 赵京华译. 长春：吉林人民出版社，2004：36.
④ 子安宣邦. 福泽谕吉《文明论概略》精读 [M]. 陈玮芬译. 北京：清华大学出版社，2010：31.
⑤ 子安宣邦. 福泽谕吉《文明论概略》精读 [M]. 陈玮芬译. 北京：清华大学出版社，2010：182.

也是导致两千年来两国文明地位出现彻底逆转的重要事件。这一事件的根源在于朝鲜问题，日本以所谓的"文明·和平"的理由发动这一战争。以明治天皇敕令为证，"朝鲜为（日本）帝国一开始予以启诱，使其与列国为伍而成独立之一国也，而清国每自称以朝鲜为属国，或阴或阳干涉其内政，于其内乱之际借口拯救属国，出兵朝鲜"。因此，日本帝国为保障朝鲜独立国家之地位，"以不损害帝国之权利利益，以永保东洋之和平"，[1] 故决定向中国开战。在这样一个为朝鲜独立、为保护帝国利益借口下发动的甲午战争，也就掩盖了侵略朝鲜、控制朝鲜的根本事实，成为福泽谕吉笔下所谓的文明与野蛮之间，即文明征服野蛮、光明战胜黑暗的"文野明暗之战"[2]。

这一事件不仅影响中日、东亚的政治格局，甚至还影响整个世界的政治格局，同时也是导致日本知识分子发生巨变、出现分裂的重要事件。以大力鼓吹"平民主义"的思想家、新闻记者德富苏峰（1863—1957年）为代表，一批日本知识分子开始在思想上急剧转向"国家主义"。针对甲午战争，德富苏峰认为："我国之所以采取这样的方法（战争），目的在于日本国的对外开放。对他国发动战争，目的就在于给予世界的愚昧以沉重打击，把文明的荣光注入到野蛮的社会之中去。"[3] 也正是这一时期，日本不断向外扩张的野心开始急剧膨胀。

不言而喻，福泽谕吉的观念在此亦得以进一步弘扬，中日之间的战争赋予福泽谕吉思想以深刻的实践性。站在东亚文化的内部来否定中国，进而侵略与侮辱东方民族，且站在现代文明的至高点，通过设定以西方为主导的文明坐标，日本为自己发动的战争找到了现代文明——实质上是西方文明体系下的合法性。就在这样的唯政治性的现代地缘政治之中，中国成为一个被日本奴役的他者。1894年，德富苏峰发表著名的《大日本扩张论》，提到："本书……目的在于论述大日本的扩张，也就是将征清作为论述大日本的扩张这一问题的前提。有征清未必有扩张，有扩张才有征清。"[4] 征服与奴役"中

---

[1] 松本三之介. 近代日本の中国認識 [M]. 東京：以文社，2011：112.
[2] 慶応義塾編纂. 福沢諭吉全集第14巻 [M]. 東京：岩波書店，1958-1971：491.
[3] 和田守. 近代日本の思想（2）[M]. 東京：有斐閣，1979：32.
[4] 和田守. 近代日本の思想（2）[M]. 東京：有斐閣，1979：33.

国"这一他者，由此也就成为日本确立自我身份的前提与手段。而且，日本的地域条件也决定其必须以中国为前提或者手段。事实上，日本并不是所谓的被动的、隐蔽的、暧昧的主体，而是一个始终抱着独特的、绝对的、自由意志的思想主体。

为什么德富苏峰会重视"大日本扩张"的问题？就德富苏峰而言，明治维新的开国只是日本"形式上的解脱而已。事实上，收缩的枷锁依旧控制着每一个人，因此，精神的解脱不可不谓之在于征清之役，此乃精神的开国，而后方有真正的开国也"。在此，日本与中国的战争成为德富苏峰唤醒日本民众、实现平民主义，推动精神性开国的一大契机。或者说，也就是将中国作为一个工具性的他者，只有克服这样的他者，日本才能获得真正的开国，才能拥有真正的自信与自豪。在德富苏峰看来，日本要维持国家的生存，维护乃至扩张自己的国际地位，就必须要进行"军备扩张"，这是日本作为"新兴国"的"国民的使命"。①

德富苏峰的"变节"，其根源正如《自传》所叙述的，"辽东还付（笔者注：甲午战争后三国干涉，日本返还辽东半岛）事件，可谓左右了我一生的命运。自闻此事以来，我在精神上就几乎成了另一个人。若是要我来讲述的话，也就是深感自身力量的不足。如果我们自身的力量足够强大，我相信任何所谓的正义公道都不值半文钱"。② 在此，德富苏峰自人生最初的"宗教的和平信仰"直接转向一种"力"（power）的逻辑，并相信所谓的正义公道在面对实力之际几乎是无能为力的。这样的逻辑，也就注定了其会进一步追随日本军国主义的脚步，不断地走向亚洲扩张的道路，从而蜕变成为一个"帝国主义者"。在此观念的左右下，德富成为了一名大力提倡"东洋自治论"的人，这样的所谓"东洋自治"的事实，也就是日本以"文明"的武器去杀戮"野蛮"的亚洲人。

近代以来，日本一直作为"他者"，冷静地看待中国的"失败"，且产生一种蔑视中国的情绪。甲午战争的结果，延续了中国近代以来对外战争不断

---

① 隅谷三喜男. 德富蘇峰　山路愛山 [M]. 東京：中央公論社，1971：34.
② 隅谷三喜男. 德富蘇峰　山路愛山 [M]. 東京：中央公論社，1971：32.

第四章 作为亚洲诠释者的冈仓天心

失败的历史，也使这样的蔑视感成为日本的一种普遍认识。如果说过去的中国认识还是基于同为亚洲国家这一前提，且中国不过是一个"冥顽固陋之国"而已的话，那么经过"脱亚""入欧"时代潮流的洗礼之后，日本则开始将中国视为一个"文明·野蛮"框架下的文化他者，同时也由此而出现以蔑视论为背景、"指导"或者"解放"中国走向独立的一股思潮。这样的思潮成为战争期间的思想主流，且一直延续到"二战"结束。

4.2 冈仓天心眼中的东洋与西洋

承前所述，要把握冈仓天心眼中的东洋与西洋，最为直接的方式，就是借助冈仓天心的游记或者文献记载，来直接地描绘出冈仓天心的内在感受。本书的第一章，就借助这样的文字，综合阐述了冈仓天心的欧洲、美国、印度、中国之旅，冈仓天心的第一手认识，提炼出冈仓天心最为直接的感受。不过，冈仓天心毕竟是一名美术教育家、美术批评家，同时也是一位思想家，因此，如果站在直接体验、直接感受的立场来把握这一问题的话，或多或少兼顾到其作为日本人、作为东洋人的"直觉"，但是却过低估计其内在感受，尤其是冈仓天心的"思想宣扬"。

基于这样的考虑，本章节区别于冈仓天心的直接体验，通过阐释冈仓天心的多部著作，结合冈仓天心的文章书写，采取一种文本分析、思想解构、意象重组的方式再度树立冈仓天心的思想框架，挖掘冈仓天心的思想脉络与基本逻辑。

4.2.1 《东洋的理想》：亚洲文明圈的构想

冈仓天心的研究学者冈本佳子曾在《冈仓天心的〈东洋的理想〉的构造》一文中指出，站在自他认识的立场，"在这部作品中，对于作者而言，日本是'自我'，西洋是'他者'。西洋带给日本'近代强国'所必要的技术的同时，又对包括日本在内的亚洲进行破坏。与此相对，亚洲既是'自我'又是'他者'。换而言之，亚洲对于天心而言并非完全的自我，亦非完

109

全的他者"。① 在此，我们可以认识到冈仓天心定位的"非确定性"问题。

冈本佳子在此提到的《东洋的理想》一书，最早是由英国女士尼维戴特撰写序言，并于1903年由伦敦约翰玛丽社出版发行。该书是以冈仓天心为麦克莱多等女士讲授日本美术史的课件原稿为基础撰写的。该书完成于1902年，即第一次印度之行期间。

该书最大的特色，即在于第一章：《理想的范围》。在此书的开篇中，他提出"亚洲一体论"，提出具有普遍意义的终极的爱乃是亚洲的共同思想遗产，并由此而产生了两大文明：孔子的集体主义和佛陀的个人主义。但是，随着中国和印度的衰弱，日本成为保存亚洲思想与文化的真正储藏库。日本的寺院、地方大名收藏的艺术品或者手抄文献等，使日本成为亚洲文明的博物馆。冈仓天心的这一表述将自身的欧洲体验、中国体验、印度体验结合在一起，站在艺术的角度，确立东洋文明的一体性，确立亚洲文明的"未来指向"，具有深刻的文化内涵与政治意义。

接下来，在第二章《日本的原始艺术》中，冈仓天心指出，日本的黎明时期始于太阳神的子孙，提到四季更替与群山松林孕育了日本温婉平和的艺术精神，从而使日本艺术既区别于中国艺术的单调的空间性扩张的倾向，也区别于印度艺术的过于华丽的倾向。在此，冈仓天心站在时间轴的基点，确证中国文明传来之前，日本就存在着所谓的"原始艺术"，指出日本文明的先在性。因此，即便是后来出现了汉文化和佛教冲击，日本的原始艺术不仅未曾消失，反而将之改造成适合自己的艺术文化。不言而喻，这样的文明存在于"绳文时代"，但是，冈仓天心的目的实质上不在于挖掘这样的历史事实，而是要提炼出所谓的"日本精神"，即日本在生活、思想与艺术上绝不允许外来文化的征服，日本有能力保护自己的国家，从而为日本面临的各个问题指明方向：更深入的强化民族的自尊心。

在这之后，冈仓天心利用大量的笔墨，阐释《儒教——北方中国》《老庄思想与道教——南方中国》《佛教和印度艺术》。作为北方中国，儒教为之后的佛教在日本的生根发芽培育了文化土壤，但是其理想之中的二元性势必

---

① 岡本佳子. 岡倉天心『東洋の理想』の構造 [J]. 日本思想史学 (29), 1997：188.

制约艺术的自由；道教思想中的个人主义突破了这一陷阱，与孔子相对立的老子的《道德经》中可以品味自我的解放，道教的自由精神也使得佛教的接受已成为可能；佛教艺术最为显著地体现在阿旃陀艺术和埃洛拉石窟雕塑。来往于中国与印度之间的无数的旅行者给中国唐代的艺术注入了灵感。一言以蔽之，这样的一批外来的艺术整体性地影响了日本的原始艺术，成为日本艺术得以兴起的根源所在。

该书的重点，无疑在于第六章至第十四章，阐述日本从飞鸟时代到明治时代各个时期的艺术特色及其思想文化内涵。不言而喻，在冈仓天心的笔下，日本佛教始于飞鸟时代，552年由朝鲜传入。接下来就是奈良时代、平安时代、藤原时代、镰仓时代、足利时代、丰臣时代与德川时代初期、德川时代后期、明治时代。不过，冈仓天心始终强调的一点，即是如何坚持日本美术的独立性，如何保持日本美术的传统。

最后一章《展望》指出，面对欧洲的蒸汽和电气世界，亚洲不必为自己的简朴生活感到羞愧。当前所面对的事业是重新恢复并守护属于自己的亚细亚式的生活。最后以"我们要选择强大自己以赢取胜利，还是选择被外来的强大力量置于死地？"这样一个疑问来收尾。由此可见，如何保存自己，乃是冈仓天心思索的核心主题。

针对冈仓天心的这部著作，日本学术界出现了不少的评价，尤其是站在政治立场的评价，以宫川寅雄的《民治民族主义和冈仓天心》一文为代表。该文指出，冈仓天心在《东洋的理想》第十四章《明治时代》中赞美《教育敕语》并评价甲午战争的胜利为"一个半世纪，新兴国民努力证明自我的自然之势"。宫川寅雄指出，冈仓天心提出的所谓"亚洲一体论"实则为资产阶级民族的东西，冈仓天心的亚洲诸民族的团结论之中，缺失了人民。[1]

竹内好在《冈仓天心》一文中则回溯了《东洋的理想》的创作背景，指出冈仓天心在理想破灭之后——东京美术学校校长辞职，面对日本美术院的困境，乃是抱着一种失意之情而撰写了该书。不仅如此，竹内好还指出，虽然冈仓天心在文本中强调了亚洲文明的优越性，并有为日本的自我主张辩解

---

[1] 橋川文三. 岡倉天心 人と思想[M]. 東京：平凡社，1982：212.

之嫌，但是更应注意的是，冈仓天心是被日本这一国家所忽略的、超越了价值的使者。日本实质上不愿听从冈仓天心的言论，故而冈仓天心只能转而向世界倾诉。冈仓天心所提倡的"美"，即是精神，即是亚洲。①

4.2.2 《东洋的觉醒》：东洋与西洋的冲突

"《东洋的觉醒》一改《东洋的理想》的温和，代之以狂风暴雨式的声讨与呼号……它号召东方世界的人们收起仁慈，不要再耽于沉思默想，不要再沉醉于那些惯常的享乐，不要再依赖口舌而必须挥舞起剑来回击入侵者。"②这是中国学者蔡春华在《从"理想"到"觉醒"》一文之中所指出的。不仅如此，该文还提到，"就其个人而言，这或许也是冈仓天心在日本经历多重困难、多重压抑的复杂情感的一种宣泄。自然，日本明治时期知识分子的引领亚洲、担当亚洲挽救者的所谓历史使命感也夹杂于其中"。③

在此，所谓冈仓天心的《东洋的觉醒》一书，实际上是冈仓天心的创作草稿，并无标题，乃是完成于旅印期间（1901年12月下旬至1902年10月上旬）。1938年，由冈仓一雄、冈仓古志郎和早春桐原德重协作翻译并由河出书房出版，命名为《理想的再建》；1940年由浅野晃重译，由圣文阁出版，命名为《东洋的觉醒》。该书分为六章，其中前三章并无标题，而后三章则分别命名为《复活》《剑》和《时机到来》。

该书的第一章，聚焦"东洋"这一概念，指出"东洋"弥漫着苦难，"东洋"就是懦弱的同义词，北部的俄罗斯、南部的英国、中部的法国和德国乃是包围"东洋"的三大征服圈。但是，东洋如今正面临经济的征服和道德的屈从，东洋人以商业的名义欢迎军人，以文明的名义拥抱帝国主义，以基督的名义向残忍下跪。因此，时代需要唤醒东洋人的人格"觉醒"。

接下来，冈仓天心对东洋各国进行了剖析。在冈仓天心眼中，东洋本质上带有了统一性的融合，尤其是在美术领域，整个东洋在精神和形式的两个方面形成了自觉的统一，但是同时，我们也不得不面对彼此之间"漠不关

---

① 橋川文三. 岡倉天心人と思想［M］. 東京：平凡社，1982：189.
② 蔡春华. 从"理想"到"觉醒"［M］. 中国比较文学，2011（4）：75.
③ 蔡春华. 从"理想"到"觉醒"［M］. 中国比较文学，2011（4）：75.

第四章　作为亚洲诠释者的冈仓天心

心"的弱点与态度。而西洋的闯入却颠覆了亚洲自古以来的秩序，亚洲人需要在这样的刺激下，树立起回归亚洲的精神。

在这之后，无论是论述东洋的社会与理想，还是论述东洋的音乐与美术，抑或是提到东洋的信仰与方言，冈仓天心皆认为东洋无法轻易地形成一个整体，但是，日本辉煌的新生是亚洲复兴的生动例子，强大亚洲的和平将使人类走向和谐。一言以蔽之，日本应该拿起自身的"神器"——剑，来斩断束缚被奴役的人们的枷锁，激起东洋人的爱国热情与战斗精神。

到了最后，冈仓天心以"时机到来"的标题指出，亚洲各个国家依靠有机的纽带而达成一致的良好时机如今正在形成，虽生犹死，还是虽死犹生，必须直面历史进程中遭遇的危机，唤醒亚洲的子孙后代，为了复活亚洲而努力，为复活亚洲而奋起。

针对该书，日本学者宫川寅雄在著作《冈仓天心》中指出：一方面冈仓天心在《东洋的觉醒》一书中强烈批判17世纪以来欧洲对于亚洲的侵略，并树立"敲打亚洲的古代专制、轻视个人的权利、赞扬东洋女性的美德"的精神；一方面，则指出"亚洲的解放已经不是天心和其同辈的任务。绝对主义者和资产阶级也无法解放亚洲……天心的亚洲观在当时只不过一个政治煽动。由于天心天真的浪漫主义思想，或许多少有些值得同情的地方"。[①] 换言之，《东洋的觉醒》体现出冈仓天心政治观"天真"、浪漫主义的一面。对此，日本学者冈仓登志更是在著作《冈仓天心的实像》之中直接指出，"如果天心还活着，应该会采取和泰戈尔一样的立场，反对日本选择帝国主义的道路，将亚洲置于支配之下，但是，如果考虑到日俄战争时期，政府期望天心的协力，恐怕会选择袒护之路"。[②] 或许在此，我们亦可以认识到冈仓天心反对帝国主义的一面。

4.2.3 《日本的觉醒》：日本的使命

日本学者色川大吉曾在著作《冈仓天心》中针对《日本的觉醒》的最后

[①] 宫川寅雄. 岡倉天心［M］. 東京：東京大学出版会，1956：198.
[②] 岡倉登志. 曽祖父　覚三　岡倉天心の実像［M］. 京都：宫带出版社，2013：227.

113

一章《日本和平》指出："这里，隐藏了将日本支配朝鲜正当化的理论……在承认这些例外之中，《东洋的觉醒》之时的'亚洲是一体'的精神已经死亡……但是，《日本的觉醒》也不仅仅只是那些内容……它历史性地论述了日本的民族主义觉醒和民族独立的过程，批判了西洋的侵略和'文明论'，因而绝不是一部分评论者所言的日本帝国主义的先锋。"[1]

《日本的觉醒》一书写作于1903年至1904年，并在1904年11月，由纽约的世纪出版社出版发行。该书中，就"黄祸论"一词，冈仓天心提出"白祸论"加以反驳。但是，该书主要是为了赢得美国舆论对日本的好感，故而针对美国的描写完全是善意的阐释。总体而言，前半部分贯穿于对"黄祸论"的反驳，后半部分则主张"白祸论"，贯穿始终的则是针对俄罗斯的非难与针对美国的善意态度。

审视该书的基本脉络，第一章《亚洲之夜》历数西洋的殖民侵略给东洋带来的破坏和残暴行径，并指责西洋将东洋的行为视为"黄祸"。在此，冈仓天心将印度和中国的殖民地化、日本的锁国时代比喻为"亚洲之夜"。冈仓天心仍然延续之前的文明论，认为中国和印度文明可以和欧洲文明相媲美。但是，冈仓天心同时也指出，由于蒙古入侵建立元朝，印度则由于莫卧儿帝国的统治，亚洲文明进入衰退期。虽然日本抵御了蒙古的入侵和基督教的传入，从而免遭异民族的统治，但是由于德川幕府的专制主义，日本仍然和亚洲各国一样处于黑夜之中。

第二章《蛹》、第三章《佛教和儒教》、第四章《由内之声》则重点论述施行"闭关锁国"的德川时代。一方面，冈仓天心依次介绍了天皇、皇族、将军、大名、武士、平民、贱民等德川幕府的身份制度和管理政策，指出德川幕府的特征之一就是在于君主独裁制；另一方面，冈仓天心指出由于政教分离政策，佛教并未对政权构成威胁，政教分离在日本早已存在，儒教由于缺乏实践理论，并不能构成对政治势力的抗衡，并逐步失去势力。就在这一时期，日本的传统学派、日本的阳明学派、日本的古学派构筑起日本"内部觉醒"的基础。而1853年的佩里来航，不过是一个外部契机而已。

---

[1] 色川大吉. 岡倉天心 [M]. 東京：中央公論社，1979：44-45.

到了第五章，冈仓天心则是笔锋一转，指向西洋的"黄祸论"，指出18世纪欧洲产业革命导致西洋对外扩张，并打着友好通商的口号，把治外法权、势力圈、殖民地等强加给东洋。他指出，欧洲的荣光就是亚洲的耻辱，奥斯曼帝国、莫卧儿帝国、印度尼西亚诸国、中国逐渐被西方殖民地化的根本事实。佩里来航激发了日本人的危机感，从这个时候开始，为守护祖先传下来的国家，日本国民决定团结一致。

自第六章《幕阁和大奥》，到第七章《过渡期》、第八章《复古和革新》，则是通过历史的梳理，阐释日本自飞鸟时代至明治时期为止的政治历史，日本迎来了第九章《重生》所谓的"重生"的时代。冈仓天心批判悲观论者和欧洲著名人物所提到的"日本由于近代化失去了自我的个性，切断了历史的统一性"这一观点，指出日本保留了古代中国和印度的艺术风俗，将西洋文明与东洋文明有效融合从而转换为自身之物，还大量采用古代日本的习惯和习俗。日本在经历甲午战争之后，国民自信大增，并期望日俄战争的胜利，以再次大增国民信心。如此，日本就可以获得世界的尊重。

到了最后的第十章《日本与和平》，冈仓天心指出，日本在儒教和佛教的影响下，发展成为一个爱好和平的国家。日本之所以出现甲午和日俄两场战争，乃是欧洲的亚洲侵略、日本的自我经济维护所导致的结果。但是，日本会采取和平的方式来对待亚洲国家。"欧洲教会了我们战争，什么时候他们才会学习和平的恩惠？"以此作为结束之语。

不可否认，冈仓天心在此为日本帝国主义侵略朝鲜进行辩解，并开始热衷于日本针对中国东北部的政策。① 正如蔡春华在《〈日本的觉醒〉：面向西方世界的言说及其反响》一文中所指出的："《日本的觉醒》的创作意图非常明确，那就是面向西方世界的读者，树立日本作为和平之国而非好战之国的形象。"与此同时，该文还指出，冈仓天心阐释和平的两大法宝，即为"其一，如果要论述东洋文明的优越性，一定要谈中国与印度的卓越的古老文明；其二，如果要谈论东洋内部的战争，一定要谈日本'舍我其谁'的保护亚洲的'英雄情怀'"。换言之，冈仓天心之所以被"误读"，其根源亦在于自身的话语。

---

① 橋川文三. 岡倉天心 人と思想[M]. 東京：平凡社，1982：214.

4.2.4 《茶之书》：东洋精神的回归

日本学者大久保乔树在《冈仓天心》一文中指出：《东洋的理想》与拉斯金、莫里斯相对应，《茶之书》则与马拉美相对应，并由此可以窥见冈仓天心思想之中离心式的可能性的扩张。虽然经常是朝向亚洲、日本，向传统、国粹的向心，而实际上其根源是反方向的，向西欧、向普遍、从现在向未来的离心式扩展，这样的二重性始终贯穿于冈仓天心的思考、思想之中——是自"书法不是美术"论证中拥护书法论以来的本质性格，在这样的一批著作之中，东西文明哲学、形而上学得到了全面的、自由往返的最大境界。在这里，冈仓天心的思想得以完结。①

在此，大久保乔树采取极为晦涩的语言描绘《茶之书》的内涵，提示了"离心式的可能性的扩张"，指出这样的扩张表面上是"朝向亚洲、日本，向传统、国粹的向心"，但是实际上则是向西欧、向普遍、向未来的"离心式"的延展。而且，冈仓天心的向欧洲与回归亚洲、向普遍与回归特殊、向未来与回归传统或者国粹，乃是构成冈仓天心思想悖论之根本。不过，尽管如此晦涩，我们依旧可以看到大久保乔树针对《茶之书》的高度评价，"思想的完结"。换言之，通过该书，我们可以认识到冈仓天心思想的一个极致。

《茶之书》于1906年5月由纽约的福克斯·达菲尔特出版社出版发行。究其目的，就是希望通过《茶之书》向西方世界宣扬东方尤其是日本对于美、对于和平的追求。在冈仓天心的叙述中，日本茶道不仅在形式上融合了绘画、插花、陶器、书法、建筑等，精神上亦达到"茶禅合一"的崇高境界。在《茶之书》中，冈仓天心亦试图融和东洋与西洋，希望获得西方人的同情与认可，改变西方人心中日本好战与野蛮的形象。

第一章《人情之碗》开篇即指出，"茶最初被当作药材，之后才变为饮料。在8世纪的中国，茶作为一种优雅的享乐甚至浸润到了诗歌的领域。到15世纪，茶在日本作为一种具审美性的宗教而被提升为茶道。所谓的茶道，

---

① 大久保喬樹. 岡倉天心 [M]. 東京：小沢書店，1987：260.

即在俗事纷扰的日常生活中，以崇拜美为基础的一种仪式"。① 他介绍了茶的发展历史，并指出日本的茶已经发展成"道"的形式，具有哲学的含义。接下来，冈仓天心站在东、西两大世界的立场讨论茶道的相通性，指出茶道是亚洲唯一获得世界广泛尊重的仪式。

第二章《茶的流派》中冈仓天心首先指出茶的发展大致可以分为三大时期：淹茶（茶饼煮饮）、抹茶（茶粉冲饮）和煎茶（茶叶泡饮）。② 其中现代人属于最后一个流派。接下来，他从历史角度叙述饮茶方式的发展，主要是从唐、宋、明三个朝代进行阐述。其中，他还提示了唐代陆羽的《茶经》，并尊奉其为茶道鼻祖。最后，冈仓天心指出，由于13世纪蒙古入侵，元朝的蛮横统治导致宋朝文化成果被尽数破坏，而日本恰好成功击退了蒙古的入侵，致使茶道在日本得以保存与发展，并强调日本的茶道首次将茶的理想推向极致。

第三章《道教和禅》，冈仓天心指出，茶道是从禅的仪式里发展起来的，接着又论述道教与禅的关系，并指出"道教与其正统的后继者——禅一样，在精神上代表着南方中国的个人主义倾向，与北方中国体现于儒教中的集体主义是水火不容的"，并指出禅继承了南方道教的个人主义色彩。但同时，冈仓天心又指出，道教之于亚洲生活的主要贡献在美学领域，而禅宗强调的主要是道教的教义，即主张通过静思冥想而达到自性了解的极致。最后强调"道教为审美理想奠定了基础，禅则将其付诸实践"。

第四章《茶室》，冈仓天心主要阐述茶室的历史由来以及茶室所反映的理念，并从三个方面来对茶室进行阐述。茶室又名"数奇屋"，具有"喜欢""空着"和"间隙"三个意义，即具有诗意的令人喜欢的屋子和崇拜不完整性的美的"空着"的屋子。其次，冈仓天心亦阐述了茶室的宗教意义。冈仓天心指出，茶室简朴以及远离世俗的特征，使得茶室犹如不知外界纷扰的殿堂。只有在茶室，人们才可以沉静心灵，献身于美之崇拜中。

第五章《艺术鉴赏》，冈仓天心首先列举伯牙训琴的故事，来揭示艺术

---

① 冈仓天心.中国的美术及其他[M].蔡春华译.北京：中华书局，2009：97.
② 冈仓天心.中国的美术及其他[M].蔡春华译.北京：中华书局，2009：105.

鉴赏的最高境界：观众与艺术的精神共鸣，并通过这种形式艺术接近宗教，而使人类更为高尚。最后冈仓天心指出当今艺术面临两个困境：第一，人们对于艺术的爱好并非源于自身真正的情感，而只是一味追逐大众认可的好东西；第二，则是经常将美术与考古学混同起来，认为不应该无视审美，并指出那些只是因为年代古老，就以审美之法为牺牲的所谓的科学陈列方式，是大多数博物馆的通病。

第六章《花》，冈仓天心通过讲述日本人的花意识，进一步阐释日本人的艺术鉴赏特色，并通过东方与西方对待花的不同态度来批判西方对花的无端浪费，同时赞扬东方花道对花所持有的尊敬和融合态度。此外冈仓天心还分别论述了作为花道之花的鉴赏和作为茶道之花的鉴赏。他指出相较于花道，日本人更重视茶道中的花。茶道之花不仅是一种独特布置，而且还需要真正融合于生活之中。

第七章《茶人》，冈仓天心认为茶人是艺术家，追求的是审美主义的禅，并介绍了茶道的集大成者千利休。最后以千利休之死收尾，"脸上泛着微笑，利休踏上了未知国度的旅途"。在此，"死亡"乃是每一个人的归宿，但是，唯有审美主义的禅的思想赋予了日本人的"死亡"以巨大的精神性格。

针对冈仓天心的《茶之书》，日本学者坪内隆彦在著作《冈仓天心思想探访》之中指出，冈仓天心在该书中再次将和平理论、宽容理论定义为亚洲传统，同时亦认识到"反战·非战"理论、和平理论在面对权力政治之际必然会失败的悲剧。事实上，千利休被丰臣秀吉命令切腹，就论证了这一点，或许同时亦映衬了挑战西洋近代的亚洲主义的悲剧。①

概言之，首先，审视冈仓天心的四部著作，应该说冈仓天心皆是以"亚洲言说者"的身份向世界言说亚洲、言说日本，其核心观念即东洋是文明的世界，日本是东洋文明的代表。在东西方二元对立框架下展开言说之际，中国、印度就是文明的象征，或者说是文明的源泉。一旦跨越到亚洲内部，即在中、日、印之间开始言说之际，日本则自古代的中国和印度手中接过东洋文明的接力棒，成为东洋文明的"博物馆"。由此可见，冈仓天心言说的亚

---

① 坪内隆彦.岡倉天心の思想探訪 迷走するアジア主義［M］.東京：勁草書房，1998：57.

洲精神固然存在一定的价值，但是其站在历史、艺术的立场上来贬低中国与印度，将最后的荣光归结为日本的目的，却是值得商榷的。

其次，借助日本学者田中秀隆在《冈仓天心的日本文化论》之中的论述，作为文明开化的先驱，冈仓天心在《东洋的理想》之中主张亚洲即印度—中国—日本文明圈；在《日本的觉醒》之中揭示了日本国民得以自觉的渊源，在《茶之书》之中则是在精神领域方面对东洋生活方式进行了辩护与反驳，提出茶之中存在着生命。[1] 在此，若是进一步参考《东洋的觉醒》一书，我们就可以看到冈仓天心思想的内部结构，即"反抗西方、回归东方"，这也就是冈仓天心的文化论的精髓之所在。

最后，冈仓天心的著作尽管皆是采取英文来创作，是面对英文读者来出版，但是，究其根底，应该说还是存在最为深刻的"为了日本"的目的。不言而喻，《东洋的理想》叙述了日本美术史，《东洋的觉醒》则是有感于印度现状而创作，《日本的觉醒》《茶之书》则面对的是西洋的读者，向西方阐释东洋的文明精神，尤其是日本觉醒的过程。但是，这样的精神经过日本人的宣扬与介绍之后，无疑具有了更为重要的"价值"，也就是成为日本政府进行"美与和平"的宣扬，实施侵略战争的一大借口。

不言而喻，日本的"亚洲身份"的二重性，就是横亘在近代日本知识分子面前的一道陷阱。作为他者的亚洲和作为自我的亚洲，终将成为一个悖论，然而只要细心观察就不难发现，变换的是方法——自我和他者；不变的则是目的——终将指向日本。在当今世界，这仍然是一个巨大的陷阱。如何摆脱国民、国家的身份，真正走向世界，仍然具有深远的意义。

4.3 "亚洲一体论"的理念与批评

东洋与西洋的对峙，是日本亚细亚主义兴起的思想前提，同时亦是近代以来亚洲不可逃避的一道陷阱。根据中国学者王屏的研究，日本海军侦探曾根俊虎（1847—1910年）于1978年组织了第一个亚细亚主义民间团体——

---

[1] 田中秀隆. 岡倉天心の日本文化論［J］. 德川林政史研究所研究紀要，2002：176.

"振亚社",1880年,则成立了更大规模的"兴亚会"。一批政界要人、文化学者、对华情报"浪人"等加入该会。1883年,该会改名为亚细亚协会,强调两国的当务之急在于"合纵",共同应对西方的危机。①

1903年,冈仓天心出版英文著作《东洋的理想》一书,提出"Asia is one"的理念。这一概念中的"Asia"(亚细亚),借助子安宣邦的解释,应该说只是一个近代日本地缘政治学概念下的"实体性"的概念而已。② 但是,冈仓天心的这一"实体性"概念,却是通过自身的文明考察与美术批评得以树立起来,并逐渐成为战前"大日本帝国"的理念乃至行动的原理,同时亦成为战后"亚细亚主义"批评的核心对象。

4.3.1 "亚洲一体论"的认识

如果说冈仓天心涉及中国的政治、文化的考察,皆是以中国美术为契机而建构起来的话,那么其思想的核心观念——"亚洲一体论"也与东方美术史存在着密不可分的联系。倒不如说,东方美术史的历史叙述——东方美术的整体特征与日本的独立性格,构建起"亚洲一体论"的理论基石。

以《东洋的理想》为线索,首先,站在东方美术史的立场上,冈仓天心论述了日本美术史的发展历程,阐述自身的思想主题——亚洲的理想,明确指出:亚洲是一个整体,是一个具有共性的文化统一体。亚洲是悠古的、博大的、深邃的,尽管喜马拉雅山分割了两大文明,"一个是带有了孔子的共同社会主义的中国文明;一个是带有了吠陀的个人主义的印度文明",但是,即便是白雪覆盖的障壁,也没有割断亚洲的整体性,"亚洲是一体的"。

其次,冈仓天心认为"亚洲一体论"的根源正是在于追求终极的、普遍存在的"爱"的传播。换句话说,具备在多样化的过程中寻求统一的原理。这样的原理的根源,也就是"爱"的精神或者理念。那么,究竟什么是"爱"?冈仓天心认为,这样的精神在印度,就是佛教所谓的"一切众生";在中国,则是儒教读书人所谓的"仁";在日本,则是"武士道"的传统精

---

① 王屏.近代日本的亚细亚主义[M].北京:商务印书馆,2002:56-59.
② 子安宣邦.东亚论:日本现代思想批判[M].赵京华译.长春:吉林人民出版社,2011:104.

神。总之，这一统一体无论是中国文化、印度文化，抑或是日本文化，皆具有各自的文化历史与基本特征，亚洲大地的众多民族的历史传承与精神生活彼此关联，构成一个不可分割的整体。

最后，在整个亚洲文明中，最有代表性、最为精粹的就是日本文明，"实现这种复杂中的统一，是日本的伟大特权。我们身上流淌着印度和鞑靼的血液，所以从我们自身就可以汲取这两方面的源泉。我们民族有着适于体现亚洲整体意识的天然秉性"。[1] 日本文化吸收了文明的两大基本来源，是较之"博物馆"更为高级的亚洲文明集合体。日本接受了中国汉代、唐代的文明，接受了印度鼎盛时期的艺术思想。日本是"不可思议的天才，在于不必培养古老的事物，而是迎接新的事物，以活跃的、绝对的、一元论的精神，畅想过去的所有的理想形象。……日本艺术的历史，也就是亚细亚的理想的历史。——一次次地奔涌而来的东洋思想的浪潮不断地冲击着民族意识，成为了留下痕迹的沙滩"。[2]

冈仓天心之所以强调"亚洲一体论"，其根本目的就是突出"亚洲的觉醒"。不言而喻，这一时期的亚洲所面对的严峻现实，就是欧洲文明固有的侵略性所带来的巨大危险，它将会威胁作为整体的亚洲文化。但是同时，冈仓天心还认为东方的亚洲文化正在觉醒，而且会拥有一个巨大的发展空间。不仅如此，亚洲的未来不在于外部，而是在于亚洲内部的觉醒，尤其是日本自身使命的觉悟："如今，束缚日本心灵的两大强有力的枷锁……一个是普遍性的、充满了强大魔幻力量的亚细亚的理想；一个是带有了体系化教养，且被知识系统武装起来的，具备了强锋利刃的欧洲科学。"[3] 面对这样的两大枷锁，日本应该如何呢？就冈仓天心而言，日本只能将自我放眼于整个亚洲，通过整个亚洲的"觉醒"来抵御西方。

在此，作为一个前提必须提到的是，冈仓天心所谓的"亚洲一体论"应该说本身也在不断地发生着转变。如果说其内容之前存在着"以抵御西方"为前提、为主轴的情怀的话，那么到了后期，也就是随着亚洲考察或者认识

---

[1] 冈仓天心.中国的美术及其他 [M].蔡春华译.北京：中华书局，2009：5.
[2] 色川大吉.岡倉天心 [M].東京：中央公論社，1970：25，108–109.
[3] 色川大吉.岡倉天心 [M].東京：中央公論社，1970：40.

的深入，则转向为一个以普遍的"爱"或者理想主义为核心的思想，也就是区别于政治论的、作为文化论而出现的亚细亚主义。在这一理论下，冈仓天心认为日本代表了整个亚洲的艺术或者理想的精华，是亚洲走向觉醒的根基之所在。不言而喻，不论是中国还是印度，在经历了历史上的一度辉煌之后，都走向停滞、走向衰落，只有日本继承了亚洲的精华，成为整个亚洲的艺术宝库，并焕发出博大灿烂的生机，创造出了亚洲最为优雅、最为精湛的艺术，即日本是亚洲理想的集大成者。亚洲确实是一个整体，但是这一整体需要通过日本才能实现，整个亚洲不过是日本自我辉煌塑像的一个空间广阔、时间悠古的基座而已。

4.3.2 "亚洲一体论"的批评

东洋与西洋的问题，是近代日本进行文明选择之际的一大困境。这一问题，也可以说在日本转化为了"脱亚论"与"兴亚论"的文明选择。就此而言，日本学者深町英夫指出：以福泽谕吉为代表的"脱亚"论站在西方文明的立场，以"拒绝、忽视"中国与朝鲜为纲要；以胜海舟为代表的"兴亚"论带有了针对传统中华文明与中国社会的理解、敬畏之念，是带有了文化主义、人种主义、民族主义观念的思想；以德富苏峰为代表的"日本扩张论"则带有了"灭亚"论的内涵，蜕变为了国家主义思想。①

那么，基于这样的文明选择的方法与逻辑，我们应该如何来评价冈仓天心的"亚洲一体论"？首先，我们应该认识到冈仓天心的思想基轴依旧停留在"东洋与西洋"的框架之下。以"文明"观念为例证，冈仓天心指出："西洋崇信进步，那么这样的进步是针对什么而言的进步呢？无疑是针对了亚洲。"但是，西方近代文明下的个体完全失去了理想，成为了机械的奴隶，西洋荣光之大，"并非是真正的伟大"，西洋极为奢侈的生活，"也不可以说就是文化"，欧洲存在的"病院与鱼雷、基督教传教士与帝国主义、庞大军备与维持和平"，这样的矛盾不曾出现在亚洲的古代文明之中，日本"王政复古"的理想绝非如此。但是，"日本沉湎于和平的文艺之际，西洋人视之

---

① 中嶋嶺雄. 日本と中国 [M]. 東京：東京書籍株式会社，1992：88-89.

为野蛮国家；但是，日本在满洲的战场大肆杀戮之际，却被称为文明国家"。[①] 究竟什么是"文明"？在此，应该说冈仓天心站在艺术的立场上对于西方文明社会提出了深刻的质疑。

其次，冈仓天心的立足点始终在于诠释日本，强调日本。冈仓天心通过现实的考察——印度体验与中国体验，确认日本是唯一有可能抵抗西方的亚洲国家；通过风土与艺术的考察，确认日本是亚洲文明的博物馆，且集聚了亚洲一贯的"爱"的精神与和平的理念；通过历史文化的推导与审视，确认日本是一个不畏强权、具有独立精神或者主体意志的民族，确认成为亚洲的领导者是日本的特权与使命。在这样的逻辑背后，印度与中国成为日本诠释自身的牺牲品，成为日本树立自我形象的垫脚石；印度与中国代表亚洲的过去，代表无法实现统一、无法走向完整的亚洲；反之，日本则成为亚洲的现在与未来，可以带领亚洲各个国家实现"亚洲一体论"的目标。

最后，冈仓天心"亚洲一体论"的观念背后，就是针对日本自身的一种合理化的诠释。这样的诠释是否真正地具有了合理性？正如日本学者小路田泰直所指出的，在其思想根源中，承认了日本万世一系的天皇主权者的地位，强化了日本自身的民族意识，并保证了日本作为东亚盟主的"解放者"的地位。[②] 或许，冈仓天心的思想中并没有直接地阐述这样的国家主义思想，但是无疑带有了不断发展、转向演绎的可能。或许这也正是冈仓天心思想到了"二战"时期成为"思想武器"的根源之所在。

历史上，"亚洲一体论"的内涵不断地发生着阶段性的变迁，或者是抵抗外来之西方，或者是融会亚洲之内部，但是，必须指出的一点，即冈仓天心的立场更侧重在艺术文明的立场，并尝试采取"日本美术史"包容"东洋美术史"或"亚洲美术史"的方式来重塑日本美术史。究其根本目的，可以说并不是为了美术，而是带有强烈的现代国家政治或意识形态的色彩，且试

---

① 色川大吉.冈倉天心[M].東京：中央公論社，1970：41.
② 王屏.近代日本的亚细亚主义[M].北京：商务印书馆，2004：88.

图为构建日本现代国家形象或自我认同提供精神资源。冈仓天心作为艺术理想而提出的"东洋"概念，逐渐地显示出了潜在的政治实践意义，为日本后来所谓的"大东亚圣战"奠定了意识形态基础。冈仓天心所提出的"东洋的理想"，而后通过日本的扩张转变为日本统一亚洲、实践"亚洲的觉醒"的实践活动，其转折点或起点就是卢沟桥事变，即侵华战争的开始。由此，冈仓天心所谓的"东洋的理想"，亦从"艺术理想"彻底地沉沦为日本帝国主义的战争意识形态。

小　结

本章节从"近代日本知识分子眼中的东洋与西洋"到"冈仓天心眼中的东洋与西洋"，再到"亚洲一体论"的思想批评，重新审视冈仓天心的思想——"东洋的理想"究竟为何？

作为"亚洲一体论"的提出者，冈仓天心在《东洋的理想》中主张亚洲，即印度—中国—日本文明圈；在《日本的觉醒》之中揭示日本国民得以自觉的渊源，在《茶之书》中则是在精神领域方面对东洋生活方式进行辩护，提出茶之中存在着生命。[①] 在此，若是进一步参考《东洋的觉醒》一书，亦可发现冈仓天心思想的内部结构，即"反抗西方、回归东方"，这亦是冈仓天心文化论的精髓所在。

历史上，"亚洲一体论"内涵不断地发生着阶段性的变迁，或者是抵抗外来之西方，或者是融会亚洲之内部，但是，必须指出一点，即冈仓天心的立场更侧重在艺术，并尝试采取"日本美术史"包容"东洋美术史"或"亚洲美术史"的方式来重塑日本美术史。究其根本目的，可以说并不只是为了美术，而是带有强烈的现代国家政治或意识形态色彩，其目的是为构建日本现代国家形象或为日本自我认同提供精神资源。

---

① 田中秀隆. 岡倉天心の日本文化論 [J]. 徳川林政史研究所研究紀要，2002：176.

概言之，作为亚洲叙述者的冈仓天心始终处在日本与亚洲之间。与福泽谕吉为代表的脱亚论者不同，冈仓天心试图通过"艺术"规化亚洲内在的同一性，并在这一前提下通过颠覆中国作为亚洲文明代表的中心地位，使日本取而代之成为亚洲文明的引领者。冈仓天心"亚洲一体论"本质即在于此。

第五章　"间"结构下的冈仓天心

第五章 "间"结构下的冈仓天心

5.1 多重身份的冈仓天心

冈仓天心究竟是一个什么样的人物？在竹内好的眼中，冈仓天心是一个"难以定论"的、带有"不断发射的放射能"的思想家。但是，这样一个评价，无疑是竹内好站在自身作为"思想家"的立场，采取所谓"同一性"的视角而展开的评价。事实上，作为我们最初的"确证"，冈仓天心实质上是作为美术评论家、美学教育家而存在，因此，作为冈仓天心的研究，迄今为止大致也就可以分为两个流派，即作为"思想家"的冈仓天心研究和作为"美术评论家、美术教育家"的冈仓天心研究。

不过，本书的研究，与其说是按照这样的两条线索来展开，倒不如说采取"一分为三"的立场，将冈仓天心的身份定位落实到其实践活动之中，尤其是作为世界的旅行者的冈仓天心，再进一步落实到中国的立场、落实到亚洲的立场来加以考察。就此而言，本书的基本结构，也就是作为世界的旅行者的冈仓天心、作为中国文明观察者的冈仓天心、作为亚洲诠释者的冈仓天心。

首先，作为世界旅行者的冈仓天心。在东西方文明激烈碰撞的时代背景下，冈仓天心开启其世界之旅。无论是最初以欧洲美术考察为中心的欧洲之旅，以中国美术探究为目的的第一次中国之行，还是由于身陷日本美术学院经营困境而寻求精神解脱的印度之行，抑或作为亚洲文明言说的美国波士顿之行，都为成就作为"世界人"的冈仓天心打下了坚固的基础。也正是通过这一系列西洋与东洋间的旅行，才奠定了冈仓天心站在东洋与西洋的二元框架之内、进而站在日本与亚洲的二元框架之内来思考东洋、思考日本的实证性支持。让冈仓天心在面向世界时不仅言说了东洋的文明与美术，还突出了日本作为亚洲文明代表的领导者的角色。

其次，本书通过解构冈仓天心的中国文明考察，试图揭示冈仓天心"为了日本"的根本目的和动机。一是基于儒教政治、老庄思想的文化风土考察。冈仓天心提出"在中国无中国""中国无共性""不必因为和中国不一样而感到耻辱"等，指出中国不具备国家"国性"的统一，即中国不同于日本和欧美，不是现代意义上的国家，意在打消日本人对中国人的"偶像崇拜"；二是冈仓天心通过基于美术、镜子和茶道的中国美学艺术考察，追溯作为日本艺术源泉的中国古代艺术的灿烂文明。然而不论是中国的美术、镜子还是茶道最终都成为亚洲文明的过去，亚洲文明的接力棒早在历史的进程中顺利交接到了日本的手中。诸如青铜镜的历史可以追溯至秦代，但是，这样一个"器物"的历史到了宋代之后逐渐走向终结，也象征着中国文化的"意蕴"逐渐走向衰退；而茶则是最初被当作药材，之后才变为饮料。在8世纪的中国，茶作为一种优雅的享乐甚至浸润到诗歌的领域。到15世纪，茶在日本作为一种具有审美性的宗教而被提升为茶道，将中国的茶与日本的茶进行切割。综上，我们不难发现隐藏其后的叙述逻辑，简言之，中国只代表文明的过去，日本已从中国手中接过亚洲文明的接力棒，日本是亚洲文明的"储藏库"。

最后，本书通过梳理冈仓天心的四部英文著作，探讨冈仓天心眼中的东洋和西洋，以及冈仓天心的"亚洲一体论"的理念究竟为何？概言之，冈仓天心的英文创作，是在确证日本文明源泉——亚洲文明之后，落脚于当下日本文明的正当性和合法性，同时还旨在消除西洋人心中现代日本的"残忍形象"。至于冈仓天心的"亚洲一体论"，则可以基于以下三点进行概述：第一，站在东方美术史的立场，冈仓天心论述了日本美术史的发展历程，阐述自身的思想主题——亚洲的理想；第二，冈仓天心认为"亚洲一体论"的根源正是在于追求终极的、普遍存在的"爱"的传播；第三，在整个亚洲文明中，最有代表性、最为精粹的就是日本文明，"实现这种复杂中的统一，是日本的伟大特权"。[①]

概言之，基于世界的旅行者，冈仓天心处在了东洋与西洋之间，犹如同时代的不少日本知识分子一样，冈仓天心通过实地考察，频繁往来于东洋与西洋之间，从整体上把握东洋与西洋的文化风土和艺术源流。冈仓天心既试图在东洋与西洋的二元框架中言说亚洲，又试图在日本和亚洲的二元框架中言说日本，这种亚洲身份的二重认识，势必导致中国在冈仓天心叙述中的一个潜在悖论，然而为了日本的根本动机又在身份困境中为冈仓天心指引方向，即当亚洲内部与日本发生摩擦和碰撞时，冈仓天心最终选择为日本言说。

作为东方美术的批评者，冈仓天心则处在了美术与政治之间：我们或许会将冈仓天心定义为美术评论家。无论是《东洋的理想》还是《茶之书》，抑或《美术的近代问题》，都是冈仓天心对亚洲美术、亚洲文化、日本美术、日本文化的一个阐述和宣扬。但是又无一不隐含着冈仓天心对日本、对亚洲的政治关怀。冈仓天心不仅批判西洋的现代性问题，还针对"东洋黄祸论"提出"西洋白祸论"加以抗衡，并在叙述甲午战争、日俄战争时有为日本辩护的嫌疑，同时亦有向西洋社会辩护日本乃是和平爱好国的政治嫌疑。所以，作为日本精英知识分子的冈仓天心，毫无疑问是一个优秀的美术评论家，但是在转型巨变的明治时期，要保持身份的纯粹性，也具有巨大挑战，一旦站在国家、国民的身份立场上，其政治意图就会与艺术叙述产生共谋，但是如何平衡两者之间的关系，则是横亘在彼时乃至当今知识分子面前的一道陷阱。

作为亚洲的叙述者，冈仓天心处在了日本与亚洲之间。如果说以福泽谕吉为代表的脱亚论者，尝试通过树立"西方文明"这一前提，强调日本以独立为目的、以文明为手段的发展目标的话，那么，冈仓天心则与之相反，试图通过"艺术"规化亚洲内在的同一性，提示出亚洲或者东方的想象空间。现代日本的文明轨迹就是如此：或者是背离东方，走向西化；或者是重回东方，走向中心。但不管如何，这样的两种路径的共同之处，即在于颠覆中国作为亚洲文明代表的中心地位，并以日本取而代之。虽然冈仓天心提出了

[①] 冈仓天心. 中国的美术及其他[M]. 蔡春华译. 北京：中华书局，2009：5.

"亚洲一体论"的思想，但其亚洲言说的根本目的还是在于为了日本。

正是在如上所述的"间"的结构之下，冈仓天心开始探索自身的乃至日本的"现代性"的文化身份，同时也不可避免地陷入一种宿命式的困境之中。这样的宿命式困境，体现在以冈仓天心为代表的一批日本知识分子当中。一言以蔽之，它是横亘在日本近代知识分子面前的一道陷阱。

5.2 "间"结构的批评与反思

在此，我们也必须针对这样一个"间"的结构提出批评与反思，也就是在这样的"间"的结构之下，究竟隐藏着什么样的重大问题，究竟可以焕发出什么样的新的研究契机？对此，我们也必须加以深度思索。具体如下。

首先，作为世界的旅行者的冈仓天心。作为旅行者，冈仓天心经历了明治时代多数日本人所不曾体验过的世界体验，这一世界乃是指欧洲、美国、印度与中国。不言而喻，它亦包括在这一体验之中所经历的欧亚大陆、大西洋、太平洋等广阔的领域，在此我们将之称为"世界"。这也是明治时期日本人的"世界"认识——或许这一认识在明治时代也尤为狭隘，毕竟这一时期的日本人心中的"世界"乃是欧洲、美国，即日本称为"西洋"的地域，或者"西洋"即整个世界——就在这样的时代语境与世界认识之下，本书将冈仓天心称为"世界的旅行者"。

冈仓天心的世界旅行，可谓是经历了两个不同的世界。依照这一时期的西方标准，或者依照福泽谕吉的文明划分，即欧美的"文明世界"、印度与中国的"野蛮世界"——福泽谕吉的划分之中出现了"半开化"的设定，但是到冈仓天心西行这一时期，随着日本作为"新兴国"的崛起，"半开化"这一文明架构逐渐消失了。也就是说，冈仓天心实质上在经历着文明与野蛮的冲突或者交锋。冈仓天心却并没有这样的思考，而是将印度与中国亦视为东亚文明的传统，视为日本文明的铺垫来加以考虑，由此才能在一个文明（日本）与野蛮（中国与印度）"断裂"的状态下搭建起"亚洲"的连带性与一体性。不言而喻，冈仓天心的亚洲体验，实质上并不只停留在冈仓天心的亚洲认识，亦可拓展到整个世界的认识，整个世界必然走向"文明"的一

第五章 "间"结构下的冈仓天心

个预测。换言之,作为"世界"旅行者的冈仓天心所体验到的,乃是作为"世界"的统一性、一致性。

在冈仓天心的笔下,印度无疑是一个"佛教不再"的国家,但是它存在于日本的历史之中,尤其是法隆寺的金堂所展现出来的佛教文明,成为日本文明的营养;中国文明亦是一个不断衰落的文明,但是它为日本文明提供了最为长期、最为丰厚的资源,无论是六朝时期还是唐宋时期,中华文明一直孜孜不倦地养育着日本。日本自身亦可以在这样的基础上,得以连续性地塑造出自身的文化传统,从而在应对西方、对抗西方的过程中找到自我,找到民族的灵魂。就此而言,冈仓天心笔下的印度考察、中国考察,乃是为树立日本而进行的"工具"式的铺垫,乃是为日本自身文化传统的"连续性"而树立起来的外部补充。

与之不同,在冈仓天心的笔下,欧洲之行、美国之行,尽管其最初的目的是学习西方的美术"制度":如何展开美术教育、如何建立博物馆、如何推动美术管理、如何改良工艺美术等一系列实用性的内容。但是,究其根本目的,尤其是在担任波士顿东方部部长时期,依旧还是在于宣扬日本自身的美术精神,宣扬日本人的和平精神,为日本的国际地位、为日本的政治外交、为日本人的国民性展开宣传,以期促使整个世界认识日本、了解日本。

就此而言,作为世界的旅行者的冈仓天心,正如丸山真男在《谕吉·天心·鉴三》一文中所述:谕吉、天心和鉴三同为"欧洲和日本之间最优秀的文化嫁接者"[1],冈仓天心和福泽谕吉、内村鉴三等一道成为对明治日本具有不小影响力的思想家,同时也成为世界的日本学者。尤其是冈仓天心,可谓是将日本推广到整个世界,使整个世界得以把握日本人的国民精神、审美观念、宗教意识。不可否认,冈仓天心之所以可以实现这一点,即在于他是一位"世界的旅行者"。

其次,作为中国文明观察者的冈仓天心。在此,我们首先要明确的一点,即冈仓天心中国文明考察的基本框架在于"南北中国"学说。就此而言,冈仓天心最为著名的一段话,"现在假使姑且排除西藏等西域诸藩、北边被称

---

[1] 橘川文三. 岡倉天心 人と思想[M]. 東京:平凡社,1982:160.

为鞑靼的蒙古满洲、南边受印度尼西亚等国家影响的云南广东诸省,以中国文化的中心而论,那么以黄河和长江为中心,至少可以看到南北两种文化的差异"。① 在此,冈仓天心提到西域、蒙古、满洲、印度尼西亚等中国周边,排斥西藏、云南、广东,将中国区分为黄河、长江这样的南北文化区域。

换言之,冈仓天心的中国文明批评,在一开始就设置了一个"排他性"的前提,即排斥西藏、云南、广东。不言而喻,在这样的框架下,冈仓天心进一步推导出"在中国、无中国",自然而然就带有了必然性。也就是说,一个被割裂了西藏、云南、广东的中国,一个被区分为南方与北方的中国,自然而然不具备什么"共同性"。冈仓天心的一语道断,乍看起来是一个充满了精辟见解的论断,实则是一个"悖论"。

不仅如此,我们还需要看到在这一论断背后所潜藏的第二个前提,就是排斥了西藏、云南、广东之后的中国,是否是一个完整的国家,或者说是否具有国家的统一性。而且,站在如今的立场来加以审视的话,我们可以认识到在这样的论断之后,存在将中国的"汉人"与其他少数民族的人加以区分开来的一大嫌疑。这样的区分事实上到了战争时期,到了中华人民共和国成立之后,可谓是更加显著。换言之,冈仓天心只是进行了一个地域式的文化性的划分,由此而引发的连锁性效应却是将整个中国加以碎片化、加以肢解,尝试站在一个"多国家"而不是"多民族国家"的立场来把握中国。

回归冈仓天心的中国文明批评,乃是基于"南北中国说"而构筑起来的。正如本书所阐述的,冈仓天心是将中国以北方儒教、南方道教的立场来加以划分的。但是,依照历史事实,冈仓天心所谓的南北中国的划分,基本上限定在以老子为代表的道教思想和以孔子为代表的儒教思想。至于道教思想是如何延续,儒教思想是如何拓展,冈仓天心基本上没有涉及。换言之,中国的思想脉络若是依据冈仓天心的阐述,在春秋战国时代就被确立下来,其后的中国人只不过在"祖述"这样的传统而已。换言之,若是借助马克斯·韦伯的理论,中国在确定了老子、孔子的思想之后,就不再具备思想的进展,而完全陷入一个不断"祖述"的思想"停滞"的阶段。

---

① 冈仓天心. 中国的美术及其他 [M]. 蔡春华译. 北京:中华书局,2009:214.

在此，我们也必须认识到一点，即如果中国文化思想陷入"停滞"阶段，那么研究中国文化思想也就不再具有显性的意义，也就为日本思想研究提供了一大可能。也就是说，研究中国，只是代表着研究亚洲的过去；唯有研究日本，才能代表研究亚洲的未来。冈仓天心在《东洋的理想》一书中提示了"亚洲一体论"的思想，指出日本是亚洲文明的保存者，是亚洲文明的储藏库。与之相反，当今的印度和中国由于战争的问题，文化正在消失，日本则保持着"万世一袭"的存在，传承并发展了亚洲的文明。不难看出，其背后隐藏着日本有能力、有责任带领亚洲抵抗西方的思想意图。

作为中国文明的观察者，冈仓天心的本意事实上并不在于如何提高中国人的觉醒或者觉悟，更不在于重新整理材料来重塑中国文化的价值。恰恰相反，在冈仓天心的笔下，中国只是亚洲的过去，中国并不可能代表亚洲的未来，因此，中国必须让位于日本。批评中国文明的目的不在于中国，而是为了日本。冈仓天心中国文明批评的意义与价值即在于此。

最后，作为亚洲诠释者的冈仓天心。在此，本书的阐述并没有止步于冈仓天心，而是连带地提到福泽谕吉、德富苏峰。之所以提到这两位人物，实际上是考虑到本书在阐述冈仓天心的同时，亦尝试就近代日本知识分子的身份进行了一个潜在的划分。就此而言，本书不曾延续过去的竹内好将冈仓天心视为知识分子的身份确认，而是将之视为美术家，从而与福泽谕吉这样的思想家、德富苏峰这样的新闻记者构成了一个知识分子的内在区分，也就是站在思想家、新闻记者、美术家这样的多元化的身份框架中来揭示日本知识分子是如何诠释"亚洲"，如何构筑近代日本"物语"的问题。

在此，我们亦可以认识到福泽谕吉、德富苏峰、冈仓天心作为亚洲诠释者的意向所在。所谓"意向"，并不是指他们意识到了亚洲的什么问题，而是指他们究竟是为了什么而诠释亚洲，究竟是向谁来诠释亚洲。就此而言，福泽谕吉接受西方的一元文明论，借助西方的文明观念宣扬近代的文明开化，向日本人来宣扬日本可以以西方人的态度来对待中国、以对待朝鲜的态度来对待亚洲人，因此，其目的是为日本人占领亚洲、奴役亚洲、殖民亚洲提供思想基础。与之不同，德富苏峰的亚洲诠释应该是呈现出了一大转向，即转向国权主义的立场。基于这一立场，德富苏峰的亚洲诠释乃是为了日本自身的国家利益，是面向西方世界来宣扬日本的国家主义，是为了日本成为世界的文明国家而努力。到了冈仓天心，正如本书所探讨的，冈仓天心的活动场所集中在美国波士顿，或者说更多地是在西方世界，因此，冈仓天心的亚洲诠释并不是为了日本民众——不言而喻，冈仓天心回到日本之后的演讲带有了这样的深刻意图——而更多的是为了向西方世界宣扬日本，宣扬日本所谓的和平理念。由此可见，冈仓天心的目的与其说是日本民众，倒不如说是在日本外部；与其说是为了构筑起日本或者日本人的自身觉悟，倒不如说是为了构筑起西方世界中的日本形象。在此，所谓"亚洲"倒是成了日本的代名词，同时亦成为日本前进的一大目标，预示着日本将成为亚洲霸主。

事实上，我们在此也必须确认一点，即冈仓天心是否具有了这样强烈的政治意识或者政治意图？对此，需要区分作为思想家的冈仓天心与作为艺术家的冈仓天心，也就是迄今为止不少学者曾提出的这一命题。但是，正如本书所阐述的，本书的立足点在于"一分为三"，是将冈仓天心的身份进行多样化的划分，而不是陷入政治与艺术的狭隘对抗之中。就此而言，冈仓天心提到政治，也不过是其作为人物身份的"分身"而已。不过，我们亦不可忽视冈仓天心"倾斜"于政治的一面。正如《茶之书》中所指出的，当日本热衷于和平的艺术时，西洋人认为日本是野蛮的国家；当日本开始在满洲的战场上大肆杀戮后，西洋人却称日本为文明的国家。日本在西方眼中，始终是一个"逆对应"的存在。或许正是因为这一点，冈仓天心才倾向于政治。

回到作为亚洲诠释者的冈仓天心，冈仓天心究竟诠释了亚洲什么？围绕这一问题，或许之前的论述会提供一个消极的答案，即冈仓天心实质上只是诠释着日本文明，诠释着日本作为亚洲未来的可能性。但是在此，我们也必须认识到一点，借助冈仓天心所指"人如果不能认识自己的伟大之中的渺小，就容易忽视他人的渺小之中的伟大"[1]，冈仓天心原意或许是批评西方不仅不了解自身的渺小，而且不了解东洋的精神文明，但是借助这一段话，我们亦可以认识到冈仓天心在确立日本的伟大，尤其是作为亚洲的博物馆、亚洲文明的继承者的时候，是否也忽略了他人的"渺小之中的伟大"。就此而

---

[1] 冈仓天心. 中国的美术及其他 [M]. 蔡春华译. 北京：中华书局，2009：98.

言，冈仓天心的亚洲诠释，或许也为"二战"之后被日本帝国主义视为"渺小"的亚洲各民族的觉醒与独立打下了一个思想铺垫。

概言之，作为世界的旅行者的冈仓天心，以旅行者的身份，游刃于东洋与西洋之间，目睹了西方世界与现实亚洲，从而构筑起东洋觉醒的思想框架。作为中国文明观察者的冈仓天心，就中国文明展开历史的阐释与深刻的批评，从而得出"在中国、无中国"的结论。这一结论无疑带有深刻的问题。作为亚洲诠释者的冈仓天心，持续地探讨着日本在亚洲、在整个世界的地位，充分彰显出其积极提倡"亚洲一体论"的潜在意图。

附录　冈仓天心年谱

和历	西历	周岁	冈仓觉三	日本和世界
文久二	1862	0	12月26日于横滨出生	尊皇攘夷运动的爆发期
庆应三	1867	4		巴黎万国博览会
明治元	1868	5	2月，弟弟由三郎出生	1月：王政复古 9月：东京迁都
明治二	1869	6	在James Ballagh私塾学习英语	
明治三	1870	7	妹妹出生 母亲死于产后热症（时年37岁）	9月：允许平民使用姓 9月：海军操练所成立
明治四	1871	8	父亲再婚 冈仓天心寄宿在神奈川县的长延寺，并跟随住持玄导学习汉文	7月：废藩置县 签订日清修好条约
明治五	1872	9		新桥至横滨间的铁路开通
明治六	1873	10	全家迁至东京 在日本桥砺壳町经营旅馆 入学官立东京外国语学校	维也纳万国博览会 征韩论者获胜 颁布征兵令
明治七	1874	11		成立明六社 创立立志社
明治八	1875	12	哥哥港一郎逝世（时年16岁） 入学东京开成大学	江华岛事件

141

续表

和历	西历	周岁	冈仓觉三	日本和世界
明治九	1876	13	师从奥元晴湖学习南画	费城万国博览会 签订日朝修好条约
明治十	1877	14	4月，转入东京大学文学部，学习政治学和理财学 热衷于欧美文学	4月东京开成学校和东京医学院合并，更名东京大学 西南战争
明治十一	1878	15	师从森春涛学习汉诗 向加藤樱老学琴 费诺罗莎赴日，担任东京大学文学部教师（时年25岁）	大久保利通被暗杀
明治十二	1879	16	与大冈定雄的女儿元子（基子）结婚 向正阿弥学习茶道	设置冲绳县
明治十三	1880	17	作为东京大学一期生毕业，毕业论文《美术论》 入职文部省音乐调查会（月薪45日元）	
明治十四	1881	18	3月，长子一雄出生 11月任职于文部省专门学务局，兼职音乐调查会	植木枝盛起草《日本国宪案》 成立立宪改进党 福岛事件
明治十五	1882	19	同费诺罗莎、毕盖洛考察奈良古神社寺庙 跟从文部省少辅九鬼隆一调查古神社寺庙	东京专门学校（早稻田大学）开校
明治十六	1883	20	11月，《大日本美术新报》创刊，帮忙编辑	和朝鲜签订仁川租借条约
明治十七	1884	21	2月，和费诺罗莎成立鉴画会 3月，长女高丽子出生 调查京几古神社寺庙的宝物，揭开法隆寺梦殿秘传救世观音的面纱	秩父事件 自由党解党

续表

和历	西历	周岁	冈仓觉三	日本和世界
明治十八	1885	22	9月，从樱井敬德阿者梨授赐法号菩萨十善戒牒 文部省图画调查会	町田久成任东京帝国博物馆首位馆长 福泽谕吉发表《脱亚论》 第一次伊藤博文内阁
明治十九	1886	23	4月，用"天心生"之名 5月，从樱井敬德受戒，获戒号雪信 9月，作为美术调查会成员赴欧美出差约9个月 10月，从横滨出港	颁发帝国大学令
明治二十	1887	24	1月至7月，欧洲美术考察 被任命为东京美术学校监事	4月成立东京美术学校
明治二一	1888	25	担任第三次国内劝业博览会审查官 5月，关西古美术调查 6月，净教寺讲演 10月，帝国博物馆学艺委员	成立政教社、刊发《日本人》 12月上野东京美术学校校舍完工
明治二二	1889	26	1月，东京美术学校开校 5月，担任帝国博物馆理事兼美术部长 5月，担任东京美术学校副校长 8月，同坪内逍遥、高田早苗等设立日本演艺协会 10月，同高桥健三创刊美术杂志《国华》	2月颁布《大日本帝国宪法》 巴黎万国博览会
明治二三	1890	27	9月，负责东京美术学校课程《日本美术史》《泰西美术史》，担任该校校长	颁布教育赦令 召开第一次帝国议会
明治二四	1891	28	2月，招聘森鸥外为东京美术学校美术解剖学讲师 10月，搬迁至中根岸 12月，担任临时博览会评议员	内村鉴三 不敬事件 大津事件

续表

和历	西历	周岁	冈仓觉三	日本和世界
明治二五	1892	29	5月，担任芝加哥世界博览会事务局监察官，在东京专门学校（现早稻田大学）讲授东洋美术史 11月，高等官四等	黑岩泪香《万朝报》创刊
明治二六	1893	30	6月，向文部省提出《美术教育设施意见》 7—12月，由宫内省委派赴中国考察	黑田清辉归国 芝加哥万国博览会
明治二七	1894	31	3月，在《国华》刊载论文《中国南北的区别》	第一次条约修改 8月日本、清朝宣布开战
明治二八	1895	32	4—7月，担任第四次国内劝业博览会审查官 进行大规模古画摹写工作	4月《马关条约》签订，中日甲午战争结束
明治二九	1896	33	5月，东京美术学校开设西洋画部，黑田清辉担任教授 担任古社寺保存会委员 7月，父勘右卫门逝世（时年76岁） 11月，任命为巴黎万国博览会编撰主任	进步党结党
明治三〇	1897	34	9月，担任巴黎万国博览会编撰主任 美术学校爆发内部纷争	
明治三一	1898	35	3月，出现批判觉三怪文 免去帝国博物馆理事兼部长职位 免去美术学校校长职位 10月，日本美术院开院式暨日本绘画协会联合展	第一次大畏内阁（初次政党内阁）
明治三二	1899	36	2—4月，开办地方巡回展 4月，在美术院内设立课题研究会	坪内逍遥·高山樗牛的历史画论争
明治三三	1900	37	举办日本美术院和青年绘画研究会展览会 会见堀至德	公布治安警察法 巴黎万国博览会

续表

和历	西历	周岁	冈仓觉三	日本和世界
明治三四	1901	38	日本美术院财政困境 7—8月，出差京都、奈良，调查国宝 12月，启程印度	福泽谕吉逝世 8月，麦克莱多来日
明治三五	1902	39	1—3月，在加尔各答结交了迦南达等新友 3月，东亚宗教会议筹办事宜失败 5月，完成英文著作《东洋的理想》	日英同盟 派遣大谷探险队赴中央亚洲（1902—1904年）
明治三六	1903	40	1月，首部英文著作《东洋的理想》在伦敦出版 3—4月，鸟取、岛根、山口三县的古社寺保存调查 5月，求得茨城五浦娴静之地 11月，长女高丽子嫁给米山辰夫	对俄强硬论（户水宽人、头山满等） 发行《平民报纸》
明治三七	1904	41	2—4月，带领大观、春草、紫水赴美，在纽约、波士顿等地成功举办作品展 3月，访问加德纳夫人 4月，任职于波士顿美术馆中国·日本部 9月，在圣路易斯万国博览会做演讲 11月，第二本英文著作《日本的觉醒》在纽约出版	缔结日韩议定书 日俄战争（1904—1905年） 发行国债 签订第二次日英同盟协议
明治三八	1905	42	改建五浦邸、建六角堂 2月赴美，签订每年在波士顿工作6个月契约	成立日俄修好条约
明治三九	1906	43	5月，第三部英文著作《茶之书》在纽约出版 8月，在越后的赤仓建山庄 日本美术院设置为绘画部和佛能修建部两部 9月，日本美术院正式职员（大观、春草、观山、武山等）移居五浦 10月，为波士顿美术馆的美术收藏赴中国（次年2月回国）	第一次西园寺内阁成立 南满洲铁道株式会社成立 日本社会党第一次大会

续表

和历	西历	周岁	冈仓觉三	日本和世界
明治四〇	1907	44	4月，准备《国宝贴》 8月，担任文部省美术展览会第一部审查委员 9月，国画玉成会会长 11月，再次赴美	足尾铜山争议加剧 签订日法协议
明治四一	1908	45	1月，桥本雅芳逝世（时年73岁） 4月，视察欧洲美术馆 6月，赴中国调查 7月，从美国，经由欧洲、西伯利亚回国 9月21日，费诺罗莎客死伦敦	第二次桂内阁成立 第二回文展
明治四二	1909	46	7月，为日英博出品的《国宝贴》写英文解说 10月，国画玉成会、文展合并	安重根射杀伊藤博文
明治四三	1910	47	4月，被委任为东京帝国大学文科讲师，讲授东洋美术史 4月，前往奈良视察国宝修理情况 9月，赴美 10月，担任波士顿美术馆中国·日本部管理人员	刊发《国宝贴》 大逆事件 吞并韩国
明治四四	1911	48	6月，哈佛大学授予文学修士 8月，归国	第二次条约修订
大正元	1912	49	5月，因波士顿美术馆美术品收集前往中国北京（6月归国） 8月，赴印为波士顿美术馆购买印度美术品 9月，到达加尔各答，会见印度女诗人 11月，归任波士顿美术馆 委任长尾雨山为波士顿美术馆监察委员	明治天皇逝世 第一次护宪运动

续表

和历	西历	周岁	冈仓觉三	日本和世界
大正二	1913	50	8月，执笔创作歌剧本《白狐》 8月7日，出席文部省举办的古社寺保存会会议，执笔并提交《法隆寺金堂壁画保存计划建议案》 9月2日，在赤仓逝世 9月5日，在谷中齐场举行葬礼，埋葬在染井墓地，并按遗志将骨灰分葬在五浦	第三次桂内阁总辞职 日本政府承认中华民国

参考文献

日文著作

1. 赤根彰子．岡倉天心一その将来を彩る思想［M］．東京：大蔵出版株式会社，1988．

2. 浅野晃．岡倉天心論考［M］．東京：永田書房，1989．

3. 浅野晃．剣と美一私の岡倉天心［M］．東京：日本教文社，1972．

4. 茨城大学五浦美術文化研究所監修/中村愿編．岡倉天心アルバム［M］．東京：中央公論美術出版，2000．

5. 色川大吉．岡倉天心［M］．東京：中央公論社，1995．

6. 大井一男．美術商・岡倉天心［M］．東京：文芸社，2008．

7. 大岡信．岡倉天心［M］．東京：朝日新聞社，2006．

8. 大川周明．復興アジアの諸問題上巻［M］．東京：土曜社，2017．

9. 大川周明．復興アジアの諸問題下巻［M］．東京：土曜社，2017．

10. 大久保喬樹．岡倉天心－驚異に満ちた空虚［M］．東京：小沢書店，1989．

11. 大久保喬樹．岡倉天心［M］．東京：小沢書店，1987．

12. 岡倉一雄．岡倉天心をめぐる人々［M］．東京：中央公論美術出版，1998．

13. 岡倉一雄．父天心［M］．東京：聖文閣，1939．

14. 岡倉古志朗．祖父岡倉天心［M］．東京：中央公論美術出版，1999．

15. 岡倉天心．岡倉天心全集第1巻［M］．東京：平凡社，1980．

16. 岡倉天心. 岡倉天心全集第2卷 [M]. 東京：平凡社，1980.

17. 岡倉天心. 岡倉天心全集第3卷 [M]. 東京：平凡社，1979.

18. 岡倉天心. 岡倉天心全集第4卷 [M]. 東京：平凡社，1980.

19. 岡倉天心. 岡倉天心全集第5卷 [M]. 東京：平凡社，1979.

20. 岡倉天心. 岡倉天心全集第6卷 [M]. 東京：平凡社，1980.

21. 岡倉天心. 岡倉天心全集第7卷 [M]. 東京：平凡社，1981.

22. 岡倉天心. 岡倉天心全集第8卷 [M]. 東京：平凡社，1981.

23. 岡倉天心. 岡倉天心全集別卷 [M]. 東京：平凡社，1980.

24. 岡倉登志，岡本佳子，宮瀧交二. 岡倉天心思想と行動 [M]. 東京：吉川弘文館，2013.

25. 岡倉登志. 世界史の中の日本―岡倉天心とその時代 [M]. 東京：明石書店，2006.

26. 岡倉登志. 曽祖父 覚三 岡倉天心の実像 [M]. 京都：宮帯出版社，2013.

27. 尾形勇. 日本にとって中国とは何か [M]. 東京：講談社，2005.

28. 金子敏也. 宗教としての芸術―岡倉天心と明治近代化の光と影 [M]. 東京：つなん出版，2007.

29. 河原宏. 近代日本のアジア認識 [M]. 東京：第三文明社，1976.

30. 河北倫明. 河北倫明美術論集第四卷 [M]. 東京：講談社，1978.

31. 木下長宏. 岡倉天心物二観ズレバ竟二吾無シ [M]. 京都：ミネルヴァ書房，2005.

32. 木下長宏. 岡倉天心 [M]. 東京：紀伊國屋書店，1973.

33. 木下長宏. 詩の迷路―岡倉天心の方法 [M]. 東京：學藝書林，1989.

34. 清見陸郎. 天心岡倉覚三 [M]. 東京：中央公論美術出版，1980.

35. 黒田鵬心. 岡倉天心と其時代 [M]. 東京：趣味普及会，1954.

36. 木暮正夫. 凛たれ！天を指して輝け―岡倉天心物語― [M]. 妙高高原町（新潟県）：妙高高原町，1993.

37. 斉藤隆三. 岡倉天心 [M]. 東京：吉川弘文堂，1969.

38. 斎藤隆三. 日本美術院史 [M]. 東京：中央公論美術出版，1968.

39. 佐藤信衛．岡倉天心［M］．東京：新潮社，1944.

40. 塩出浩之．岡倉天心と大川周明「アジア」を考えた知識人たち［M］．東京：山川出版社，2011.

41. 清水恵美子．岡倉天心の比較文化史的研究―ボストンでの活動と藝術思想［M］．京都：思文閣出版，2012.

42. 清水多吉．岡倉天心―美と裏切り［M］．東京：中央公論新社，2013.

43. スワーミー・ヴィヴェーカーナンダ．カルマ・ヨーガ［M］．神奈川県逗子市：日本ヴェーダーンタ協会，2014.

44. スワーミー・メーダサーナンダ．インドと日本の関係交流の先駆者：スワーミー・ヴィヴェーカーナンダと岡倉天心［M］．神奈川県逗子市：日本ヴェーダーンタ協会，2014.

45. 高階秀爾．19、20世紀の美術［M］．東京：岩波書店，1993.

46. 竹盛天雄．新・現代文学研究必携［M］．東京：學燈社，1993.

47. 坪内隆彦．岡倉天心の思想探訪迷走するアジア主義［M］．東京：勁草書房，1998.

48. 手塚賢次．二十一世紀の岡倉天心［M］．東京：文芸社，2008.

49. 徳富蘇峰．徳富蘇峰　山路愛山［M］．東京：中央公論社，1971.

50. 中嶋峯雄．近現代史のなかの日本と中国［M］．東京：東京書籍株式会社，1992.

51. 中谷伸生．大阪画壇はなぜ忘れられたのか――岡倉天心から東アジアの美術史の構想へ［M］．東京：醍醐書房，2010.

52. 夏目漱石．夏目漱石集（一）［M］．東京：筑摩書房，1964.

53. 日本美術院．日本美術院百年史第二巻上［M］．東京：日本美術院，1990.

54. 芳賀徹．近代日本の思想と芸術［M］．東京：東京大学出版会，1974.

55. 芳賀徹．西洋の衝撃と日本［M］．東京：東京大学出版会，1973.

56. 橋川文三．岡倉天心人と思想［M］．東京：平凡社，1982.

57. 原田実．岡倉天心［M］．東京：株式会社国土社，1975.

58. 平川弘：『西洋の衝撃と日本』［M］．東京：東京大学出版会，2016．

59. 福沢諭吉，内村鑑三，岡倉天心．福沢諭吉集・内村鑑三集・倉天心集［M］．東京：筑摩書房，1958．

60. 福沢諭吉．福沢諭吉集［M］．東京：筑摩書房，1975．

61. 福沢諭吉．文明論概略［M］．東京：岩波書店，2009．

62. 堀岡弥寿子．岡倉天心との出会い［M］．東京：近代文芸社，2000．

63. 堀岡弥寿子．岡倉天心—アジア文化宣揚の先駆者［M］．東京：吉川弘文堂，1974．

64. 松本清張．岡倉天心その内なる敵［M］．東京：河出文庫，2012．

65. 宮川寅雄．岡倉天心［M］．東京：東京大学出版会，1956．

66. 村岡博．岡倉天心［M］．東京：岩波書店，1977．

67. 村松定孝．近代日本文学における中国像［M］．東京：有斐閣，1975．

68. 茂木光春．永遠の天心［M］．東京：文芸社，2002．

69. 森田義之、小野寺淳．岡倉天心と五浦［M］．東京：中央公論美術出版，1998．

70. 湯原公浩．岡倉天心　近代美術の師［M］．東京：平凡社，2013．

71. 吉田千鶴子．〈日本美術〉の発見［M］．東京：吉川弘文館，2011．

72. 吉田稔．国際交流の演出者［M］．株式会社ティビーエス・ブリタニカ，1983．

73. ワタリウム美術館．岡倉天心日本文化と世界戦略［M］．東京：平凡社，2005．

74. ワタリウム美術館．ワタリウム美術館の岡倉天心・研究会［M］．東京：右文書院，2005．

75. 和辻哲郎．和辻哲郎全集（第9巻）［M］．東京：岩波書店，1962．

日文论文

1. 伊田徹．岡倉天心におけるidealの位相—「妙想」から「理想」へ［J］．五浦論叢第13号，2003．

2. 五浦論叢：座談会記録「岡倉天心先生を語る」［J］．茨城大学五浦美術文化研究所紀要（7），2000.

3. 五浦論叢：資料紹介一岡倉覚三「清国旅中雑記」「三笑録」［J］．茨城大学五浦美術文化研究所紀要（2），1994.

4. 稲賀繁美．理念としてのアジアー岡倉天心と東洋美術史の構想そしてその顛末［J］．全米アジア研究協会（AAS）年次総会，岡倉天心の再検討，1999.

5. 大久保喬樹．岡倉天心と脱近代思考の可能性——その言語、時間、空間意識［J］．茨城大学五浦美術文化研究所紀要（9），2002.

6. 大久保喬樹．自然の語る物語を聞くことー岡倉天心の思想をめぐって［J］．季刊銀花（128），2001.

7. 奥井幾子．岡倉天心の後期芸術理念——『白狐』をめぐって［J］．日本文學（1），1982.

8. 岡倉登志．岡倉天心とブラーミンズ（1）ジョン・ラファージを中心に［J］．大東文化大学東洋研究所（150），2003.

9. 岡倉登志．岡倉天心とブラーミンズ（2）ラングドン・ウォーナー［J］．大東文化大学東洋研究所（152），2004.

10. 岡倉登志．日露戦争前後の岡倉天心［J］．五浦論叢第12号（12），2005.

11. 岡本佳子．岡倉天心『東洋の理想』の構造［J］．「日本思想史学」（29），1997.

12. 岡本佳子．中国をめぐる岡倉覚三の洞察と東邦協会ー明治二十六年の清末中国旅行について［J］．『日本フェノロサ学会』（34），2014年.

13. 笠井哲．岡倉天心『茶の本』における世界観——東西思想の融合［J］．福島工業高等専門学校研究紀要．第47号，2006.

14. 久世夏奈子．岡倉天心とボストン美術館再考——「東洋美術史」構想を中心に［J］．美學54（3），2003.

15. 幸田未央．「日本美術史」という概念の成立と近代ーフェノロサと岡倉天心を中心に［J］．卒業研究（18），2009.

16. 小林徹．現代社会における茶道と武士道の役割［J］．長崎国際大学論叢（5），2009．

17. 柴田馨．岡倉天心の国際感覚―英文著作を貫く理念［J］．五浦論叢（15），2008．

18. 清水恵美子．アメリカ人画家の描いた日本のイメージ―ボストン・コネクション：ジョン・ラファージと岡倉天心［J］．お茶の水女子大学比較日本学研究センター研究年報（1），2005．

19. 鈴木博之．ナショナル・アイデンティティーの発見［J］．中央公論116（7），2001．

20. 鈴村裕輔．『茶の本』における岡倉天心の文明論と藝術論について［J］．哲学年誌（33），2001．

21. 田中秀隆．岡倉天心の日本文化論―茶の体位法［J］．徳川林政史研究所研究紀要（36），2002．

22. 田中秀隆．信長茶会の政治的意図再考［J］．徳川林政史研究所研究紀要（37），2003．

23. 谷晃．岡倉天心著『茶の本』―茶の湯を通して日本文化を紹介［J］．茶道雑誌65（3），2001．

24. 鶴間和幸．天心の中国認識：『支那南北の区別』をめぐって［J］．『茨城大学五浦美術文化研究所報』（9），1982．

25. 寺島実朗．1900年への旅――アメリカ・太平洋篇アジアの再考を図ろうとした岡倉天心の見た夢［J］．フォーサイト12（1），2001．

26. 土井通弘．岡倉天心序説［J］．就実表現文化（3），2008．

27. 東郷登志子．岡倉天心 The Book of Tea の多種構造と公共的音楽構成［J］．五浦論叢：茨城大学五浦美術文化研究所紀要（12），2005．

28. 中谷伸生．建築と美術・岡倉天心と日本の文化［J］．電気設備学会誌（25），2005．

29. 中西晴子．茶道の所作―社会学的考察―［J］．佛教大學大學院紀要（31），2003．

30. 藤田昌志．岡倉天心の中国論・日本論［J］．『比較文化研究』第

91 号, 2010.

31. 前原祥子. 岡倉天心の『茶の本』を読むその1 出版の周辺［J］. 武蔵野女子大学短期大学部紀要（3），2002.

32. 前原祥子. 岡倉天心の『茶の本』を読むその2 茶の心を読む［J］. 武蔵野女子大学短期大学部紀要（4），2003.

33. 前原祥子. 岡倉天心の『茶の本』を読むその3 茶の演劇性―見立てを背景に［J］. 武蔵野女子大学短期大学部紀要（5），2004.

34. 森田義之. 岡倉古志郎先生と『祖父岡倉天心』［J］. 茨城：五浦論叢、第9号，2002.

35. 吉田千鶴子. 岡倉天心の「万国歴史」講義」上下［J］. 五浦論叢（13，14），2006.

36. 何菁. 岡倉天心の中国美術認識［A］. 北京日本学研究中心. 日本学論叢Ⅷ［C］. 経済科学出版社，1996.

37. 揭侠. 夏目漱石の中国認識［A］. 北京日本学研究中心. 日本学研究Ⅰ［C］. 中国社会科学文献出版社，1988.

38. 呉善花. 岡倉天心の〈東洋の理想〉：儒教・道教・仏教のテーマとしての自然との合一［J］. 拓殖大学日本研究所『新日本学』（6），2003.

39. 邵宏. 中日における六人の著作家と中国画論の西洋への伝播――謝赫の六法を例にして［J］. 美術フォーラム（32），2015.

图鉴

1. 『William Morris』1997，京都国立近代美術館.

2. 『岡倉天心とボストン美術館』1999，名古屋ボストン美術館 N. C. P.

3. 『岡倉天心―藝術教育の歩み―』2007，東京藝術大学岡倉天心展実行委員会『生誕一五十年記念岡倉天心近代美術の師』監修/古田亮，2013，平凡社.

4. 『所蔵資料目録』2007，茨城県天心記念五浦美術館.

5. 『ボストン美術館日本美術の至宝』2012，東京国立博物館.

中文著作

1. 安万吕．古事记［M］．周作人译．北京：中国对外翻译出版公司，2001.

2. 蔡春华．东西方文化冲突下的亚洲言说：冈仓天心研究［M］．北京：人民出版社，2017.

3. 陈鼓应．庄子今注今译［M］．北京：中华书局，1983.

4. 陈秀武．近代日本国家意识的形成［M］．北京：商务印书馆，2008.

5. 陈振濂．近代中日绘画交流史比较研究［M］．合肥：安徽美术出版社，2000.

6. 陈振濂．维新：近代日本艺术观念的变迁——近代中日艺术史实比较研究［M］．杭州：浙江古籍出版社，2006.

7. 崔世广．近代启蒙思想与近代化：中日近代启蒙思想比较［M］．北京：北京航空航天大学出版社，1989.

8. 刘晓路．日本美术史纲［M］．上海：上海古籍出版社，2003.

9. 冈仓天心．茶之书——茶道美学［M］．许淑真译．台湾省桃园县：茶学文学出版社，1985.

10. 冈仓天心．中国的美术及其他［M］．蔡春华译．北京：中华书局，2009.

11. 顾静．中国历代纪年手册［M］．上海：上海古籍出版社，1995.

12. 洪再新．中国美术史·美术卷［M］．杭州：中国美术学院出版社，2000.

13. 马世力．世界史纲［M］．上海：上海人民出版社，2005.

14. 孟华．比较文学形象学［M］．北京：北京大学出版社，2001.

15. 潘力．和风艺志趣——从明治维新到21世纪的日本美术［M］．北京：人民美术出版社，2011.

16. 培伦．印度通史［M］．哈尔滨：黑龙江人民出版社，1990.

17. 钱婉约．从汉学到中国学：近代日本的中国研究［M］．北京：中华书局，2007.

参考文献

18. 盛邦和．透视日本人［M］．上海：文汇出版社，1997.

19. 斯塔夫里·阿诺斯．全球通史［M］．董书慧，王昶，徐正源译．北京：北京大学出版社，2005.

20. 唐建．中国古代美术史话［M］．天津：天津人民美术出版社，2001.

21. 滕军．日本茶道文化概论［M］．北京：东方出版社，1992.

22. 王屏．近代日本的亚细亚主义［M］．北京：商务印书馆，2004.

23. 王升远．文化殖民与都市空间［M］．上海：上海三联书店，2017.

24. 王晓平．梅红樱粉—日本作家与中国文化［M］．银川：宁夏人民出版社，2002.

25. 韦尔斯．文明的故事［M］．琚宏，张军，李志伟译．北京：五洲传播出版社，2004.

26. 渥德尔．印度佛教史［M］．王世安译．北京：商务印书馆，1987.

27. 吴光辉．日本的中国形象［M］．北京：人民出版社，2010.

28. 吴光辉．传统与超越——日本知识分子的精神轨迹［M］．北京：中央编译出版社，2003.

29. 吴光辉．他者之眼与文化交涉——现代日本知识分子眼中的中国形象［M］．厦门：厦门大学出版社，2013.

30. 吴杰．日本史辞典［M］．上海：复旦大学出版社，1992.

31. 吴于廑，齐士荣．世界史·现代史编（下卷）［M］．北京：高等教育出版社，1994.

32. 叶渭渠．日本工艺美术［M］．上海：上海三联书店，2006.

33. 依田熹家．简明日本通史［M］．卞立强译．上海：远东出版社，2004.

34. 冈仓天心．说茶［M］．张唤民译．天津：百花文艺出版社，2003.

35. 子安宣邦．东亚论：日本现代思想批判［M］．赵京华译．长春：吉林人民出版社，2004.

36. 子安宣邦．福泽谕吉《文明论概略》精读［M］．陈玮芬译．北京：清华大学出版社，2010.

37. 靳飞．茶禅一味——日本的茶道文化［M］．天津：百花文艺出版社，2004.

中文论文

1. 蔡春华．从"理想"到"觉醒"——冈仓天心的亚洲一体论的构造及其悖论［J］．中国比较文学，2011．

2. 蔡春华．日本的觉醒——面向西方世界的言说及其反响［J］．东方论坛，2011．

3. 蔡春华．从艺术史到亚洲一体论——对"东洋的理想"的再思考［J］．关东学刊，2016．

4. 蔡春华．《茶之书》：面向西方世界的言说［J］．东方丛刊，2008．

5. 陈平原．茶甘醇文幽深［J］．书城，2007．

6. 陈维．福泽谕吉与冈仓天心自由观之比较［J］．龙岩学院学报，2010．

7. 崔世广．日本人历史观的深层分析［J］．东北亚论坛，2014．

8. 高增杰．福泽谕吉与近代日本人的中国观——思想史和国际关系的接点［J］．日本学刊，1993．

9. 村田雄二郎．冈仓天心的中国南北异同论［J］．华东师范大学学报，2015．

10. 杜赞奇．亚洲归来"建构我们这个时代的区域概念"［J］．读书，2010．

11. 韩猛．茶道中的东方理想［J］．全国新书目，2010．

12. 纪伟．在自我否定和整合中一路走来——明治以来的日本画发展脉络梳理［J］．艺术与设计，2016．

13. 刘连香．美国波士顿美术馆藏中国道教造像［J］．中原文物，2013．

14. 黎跃进．简论日本明治——大正文学的民族主义意识［J］．山西师范大学学报，2010．

15. 李长声．高冈苍松照天心［J］．全国新书目，2010．

16. 李澜．偶然性与九鬼周造［J］．书城，2012．

17. 林少阳．明治日本美术史的起点与欧洲印度学的关系——冈仓天心美术史与明治印度学及东洋史学的关系［J］．东北亚外语研究，2016．

18. 梁艳萍．近代以来日本美术的大学教育研究［J］．美与时代，2013.

19. 曲德林．近代以来日本对外价值观浅析——兼议池田大作的和平文化观［J］．东北亚学，2014.

20. 钱永平．日本非物质文化遗产保护研究综述［J］．湖北民族学院学报，2010.

21. 钱婉约．写给西方世界的两部日本文化名著［J］．中国图书评论（6）：2008.

22. 盛邦和．近代以来中日亚洲观简论——"亚洲一体化"的思想追溯［J］．国际观察，2005.

23. 史桂芳．亚洲主义与日本对外侵略［J］．军事历史，2010.

24. 王升远．史迹评骘、雄主回望与"浪漫远征"——保田与重郎《蒙疆》中的"满蒙鲜支"叙事［J］．外国文学评论，2017.

25. 王升远．晚宴的政治与"大东亚的黎明"——1938年佐藤春夫的北京之行［J］．外国文学研究，2014.

26. 王向远．从日本文坛看日本军国主义思想及侵华"国策"的形成［J］．抗日战争研究，1998.

27. 魏娟．浅析冈仓天心的"兴亚论"的形成［J］．群文天地，2011.

28. 邢永凤．跨文化背景下的异国认识——以沙勿略的中国、日本认识为中心［J］．东北亚外语研究，2014.

29. 许佳．"脱亚论"与"兴亚论"福泽谕吉与冈仓天心亚细亚主义思想的比较［J］．日本学论坛，2008.

30. 徐习文．从日本的中国美术研究看日本侵略中国的图谋［J］．贵州师范大学学报，2008.

31. 小吉唐谷．美学的功用——东方主义之后［J］．外国文学，2001.

32. 严绍璗．幕末的"宇内混同说"与明治时代的"大东合邦论"——近代日本的"国家主义"思潮研究［J］．日本学刊，1997.

33. 阎小妹．从《日本美术史》到《东洋之理想》［J］．书城，2008.

34. 闫桢桢．日本"美学"的发生［J］．新书快评，2012.

35. 杨心浩．福泽谕吉西洋观刍议［J］．贵州民族学院学报，1992.

36. 叶公平. 完颜景贤与海外中国艺术品鉴藏［J］. 中国典籍与文化，2014.

37. 原野. 十九世纪晚期日本的"脱亚入欧论"与"亚洲一体论"［J］. 工会论坛，2008.

38. 周朝晖. 冈仓天心的《茶之书》［J］. 书屋，2016.

39. 赵磊. 冈仓天心的"东洋理想"与"日本觉醒"［D］. 吉林大学硕士学位论文，2009.

40. 赵云川. 近代日本美术的精神领袖——冈仓天心［J］. 美术观察，2010.

41. 张少君. 冈仓天心与日本美术院的创立［J］. 新美术，2007.

42. 竹内好. 日本人的亚洲观［J］. 现代中文学刊，2015.

43. 臧新明. 日本明治时代美术教育特征考［J］. 山西大学学报，2008.

44. 臧新明. 论日本明治时代美术教育的特征［J］. 美育学刊，2013.

英文论文、著作

1. FGNOTEHELFER. 1990. On Idealism and Realism in the Thought of Okakura Tenshin［J］. Journal of Japanese Studies，16，80.

2. KAKUZO OKAKURA. 1904. The Awaking of the East［M］. New York：The Century Co.

3. KAKUZO OKAKURA. 1927. The Awaking of Japan［M］. London：John Murray.

4. KAKUZO OKAKURA. 1904. The Book of Tea［M］. New York：Fox Duffield & Co.

5. KAKUZO OKAKURA. 2000. The Ideals of the East with Special Reference to the Arts of Japan［M］. Tokyo：ICG Muse，Inc.

6. WILLIAM ELLIOT GRRIFIS. 1902. A Maker of the Orient：Samuel Robbins Brown［M］. New York：Fleming H. Revell.

7. WILLIAM ELLIOT GRRIFIS. 1913. Hepburn of Japan［M］. Philadelphia：Westminister Press.